一番やさしい
公営企業の
会計と経営

有限責任監査法人トーマツ
パブリックセクター・ヘルスケア事業部
［編著］

JN055275

学陽書房

はじめに

　私たちの日常生活に欠かせない上下水道事業などのインフラの維持管理や更新、病院事業の厳しい経営状況に加え、新型コロナウイルスや度重なる自然災害への対応など、近年の公営企業を取り巻く環境は様々な課題を抱えており、その課題に取り組むべく様々な制度改正などが行われています。

　このように公営企業への注目度は高まっていますが、一般的な教育や福祉といった行政サービスを提供する一般会計とは異なる世界でありよく分からない、特に企業会計方式の予算・決算が分かりにくいという認識をお持ちの方々は少なくないのではないでしょうか。

　本書はこのような「公営企業」がよく分からないという方々にお読みいただきたく執筆した入門書です。

　なぜ公営企業という仕組みが設けられているのか。なぜ会計制度に代表されるように一般会計とは異なる制度になっているのか。そして何が異なるのかという解説に始まり、企業会計方式に関する初歩的な解説や、法適用・経営戦略に代表される近年の改革の動向など、公営企業に関して広い範囲をカバーした内容になっています。

　公営企業に異動されて間もない方をはじめ、監査委員や議員の皆さま、また財政部局や監査委員事務局の方々、さらには地方公共団体の行政に携わる民間事業者の方々にも読んでいただきたいと思っています。もちろん、公営企業の業務に現在従事されている方にとって、初めて知る内容もあるかと思います。

　本書が皆さまの公営企業への理解や今後の実務の一助になれば幸いです。

　なお、本文中の記載内容につき、意見にわたる部分は執筆者の私見であることを申し上げますとともに、当監査法人の公式見解ではないことを、あらかじめお断りしておきます。

2020 年 9 月

　　　　　　　　　　　　　　有限責任監査法人トーマツ

目　次

第1編　公営企業会計の基本

第1章 | 公営企業とはどんな企業？ … 2

第2章 | 公営企業会計を適用する理由 … 8

第3章 ｜ 公営企業会計のしくみ … 20

第4章｜予　算　… 31

第7章 ｜ 損益ってなんだろう

第8章 ｜ 資産ってなんだろう　… 94

第9章 ｜ 負債ってなんだろう　… 107

第2編　公営企業の経営の基本

第12章 | 公営企業の経営戦略 … 146

第13章 | 地方公営企業法の適用の概要 … 167

第14章 ｜ 抜本的改革について

凡例

法令・会計基準等	略称
地方公営企業法	法
地方公営企業法施行令	令
地方公営企業法施行規則	則
地方公営企業法の適用に関するマニュアル	マニュアル
経営戦略策定・改定ガイドライン	ガイドライン

第1編

公営企業会計の基本

第1章 | 公営企業とはどんな企業？

本章のテーマ

- 公営企業の概要を理解しましょう。
- 公営企業の種類や根拠となる法律を解説します。

第1節　公営企業とは

　公営企業という言葉を聞いて何を思い浮かべますか。

　公営なのに企業？　地方公共団体の外郭団体？　内部組織？

　言葉だけではイメージが湧きづらいかと思います。

　地方公共団体は、警察、消防、教育等の一般的な行政活動だけでなく、水の供給や公共交通機関の整備、医療の提供等、住民の生活や地域の発展に不可欠なサービスを提供するさまざまな事業活動を行っています。こうした一般的な行政活動以外の事業を行うために、地方公共団体が経営する企業活動を総称して「地方公営企業」と呼びます。そのため公営企業とは、地方公共団体の外郭団体ではなく地方公共団体内部の組織です。まずは、実際にどのような事業が公営企業に該当するのか見てみましょう。

1．公営企業の種類

　地方財政法という法律において、公営企業とは、「交通事業、ガス事業、水道事業その他地方公共団体が行う企業」のことであるとされています（地方財政法第5条第1号）。そして、地方財政法第6条及び地方財政法施行令第46条において、特別会計設置義務のある公営企業とし

て、水道事業、工業用水道事業、交通事業、電気事業、ガス事業、簡易水道事業、港湾整備事業、病院事業、市場事業、と畜場事業、観光施設事業、宅地造成事業、公共下水道事業が挙げられています。ただし、これらの事業が公営企業の全てではなく、公共下水道以外の下水道や、駐車場の整備等、他にもさまざまな種類の公営企業が存在しています。

2. 公営企業の経営の基本原則

　公営企業の種類は何となくわかったけれど実際どういうものなのか、まだイメージがつかないですよね。公営企業は企業と名がつくことからもわかる通り、企業を「経営する」という考え方があります。以下で詳しく見ていきましょう。

　公営企業の経営の基本原則は、「常に企業の経済性を発揮するとともに、その本来の目的である公共の福祉を増進するように運営されなければならない。」（法第3条）と定められています。キーワードは、「経済性」と「公共の福祉」です。

　ここでいう「経済性」とは、合理的・能率的に経営を行う、という意味であり、民間企業など、経営を行うもの全てに求められる概念です。また、「公共の福祉」は、住民の福祉の増進を目的として経営する、という意味です。これらは一見すると相反するように考えられますが、必要最小限の経費を用いて最良のサービスを提供することで、住民の福祉を増進させることができることから、矛盾する概念ではありません。

　また、公営企業は企業なので、民間企業と同じように自分たちで財・サービスを住民等に販売・提供します。その対価として住民等からお金をもらって経営を行います。そのため、地方公共団体の一般会計から切り離して、税金に頼らない「独立採算制」を採ることを原則としています。

　一方で公営企業は、地方公共団体が行うべき事務事業を引き受けることがあります。例えば、水道事業における公園の水道などです。公園の水道は基本的にいつでも利用ができますが、その水道代金を支払う住民

がいません。そのため、このように地方公共団体の代わりに公営企業が提供しているサービスについては、一般会計等がその経費を負担します。

　したがって、公営企業は地方公共団体の一部ではありますが、組織や会計が地方公共団体から独立しているという状態にあり、民間企業でいう社内カンパニーのようなものです。

　このように、公営企業では民間企業と近い形で経営を行うことになるため、より効率的・機動的な事業運営が求められます。

3．公営企業に関する法律

　公営企業は、あくまでも地方公共団体の事務の一部を担っている以上、原則として、地方公共団体の組織および運営の基本法である地方自治法や、地方公共団体の財政に関する基本法である地方財政法、地方公共団体の職員に関する基本法である地方公務員法の規定が適用されます。

　ただし、これらの規定はあくまで一般的な行政事務を規律することを目的としたものであり、水道、交通、病院等の事業を行う公営企業に全面的に適用した場合、効率的・機動的な事業運営が阻害される可能性があります。

　そこで、これらの法律のうち、公営企業の効率的・機動的な事業運営を行う上で障害となる規定を排除し、それに代わって事業の実態に即した法規範として制定されたのが、「地方公営企業法」です（以下、本書では「法」という）。これにより、公営企業が企業としての経済性を発揮するとともに、その本来の目的である公共の福祉の増進を図るように運営されることが期待されているのです。

4．法を適用する事業

　法は、公営企業に一律に適用されるわけではなく、特定の事業のみに適用されることになっています。法の適用には、法律上当然に適用され

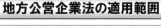

図表1-1　法の適用範囲

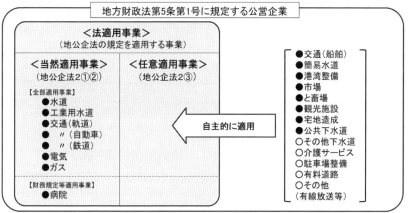

※　●のついたものは、地財法第6条に規定する特別会計設置義務のある公営企業。
※　地方公営企業のうち、法適用企業は3,301事業、法非適用事業は5,097事業となっている。(平成29年度)

（出所）　総務省「公営企業の経営改革推進に向けた重点施策に関する説明会」(2019年4月24日)
　　　　　資料3-2「地方公営企業法の適用に関するマニュアル（平成31年3月改訂版）について」
　　　　　P5

る事業（当然適用）と、地方公共団体の自主的な判断によって適用される事業（任意適用）の2種類があります。また、適用される規定の範囲によって、法の規定の全部が適用される場合（全部適用）と、法の規定のうち財務・会計に関する規定のみを適用する場合（財務規定等適用）に分けられます。

　以上をまとめると、法の適用範囲は**図表1-1**のようになります。

5．公営企業の制度の概要

　ここで、公営企業の制度の概要を整理します。なお、法の対象となる事業は**図表1-1**で紹介した通りです。

　法の適用を受ける場合には、企業としての性格を有することになるため、以下のような特殊性があります。

（1）　管理者について（法第7条〜第16条）

　企業としての合理的、能率的な経営を確保するためには、経営の責任者の自主性を強化し、責任体制を確立する必要があります。そのため、公営企業は、経営組織を一般行政組織から切り離し、その経営のために独自の権限を有する管理者（任期4年）を設置することとされています。管理者は公営企業の行う事務につき地方公共団体を代表します。管理者は、イメージとしては社内カンパニーの社長のようなものです。

　詳細は第11章で説明していますので、そちらをご参照ください。

（2）　職員の身分取扱いについて（法第36条〜第39条）

　公営企業の職員は、一般の地方公共団体の職員とは異なった性質があります。

　例えば、地方公共団体の職員は職階制の採用が義務付けられていますが、公営企業の職員については任意とされています。

　詳細は第11章で説明していますので、そちらをご参照ください。

（3）　財務について（法第17条〜第35条）

　事業ごとに経営成績及び財務状態を明らかにして経営すべきものであることに鑑みて、その事業ごとに特別会計を設置する必要があります。また、第2章で説明しますが、基本的には公営企業は自らの経営に伴う収入をもって、公営企業の経費に充てます。つまり、自給自足です。

　しかし、性質上公営企業の経営に伴う収入をもって充てることが適当でない経費及びその公営企業の性質上能率的な経営を行ってもなおその経営に伴う収入のみをもって充てることが困難である経費については、地方公共団体の一般会計または他の特別会計において負担されます。経営に伴う収入をもって充てることが適当でない経費は、例えば公園の水道代などで、能率的な経営を行ってもなおその経営に伴う収入のみをもって充てることが困難である経費とは山間地、離島その他のへき地等における医療の確保などが該当します（法第17条の2、令第8条の5）。

（4）　会計について（法第20条）

　公営企業は民間企業と同じように「発生主義会計」、「複式簿記」を採用します。官庁会計は現金主義会計、単式簿記を採用しているため、会計方式が公営企業会計と官庁会計では大きく異なります。

　これについては次章以降で詳細に説明をします。

第2章 | 公営企業会計を適用する理由

本章のテーマ

- 公営企業会計がなぜ必要なのか理解しましょう。
- 地方公営企業法の適用範囲の概要を理解しましょう。
- 地方公営企業法の財務的な特例（独立採算、特別会計設置義務）の概要を理解しましょう。

第1節　なぜ一般会計や他の特別会計と異なるのか

1．地方公共団体の会計の概要

　一般会計ではさまざまなサービスを提供していますが、そのお金は何で賄われているのでしょうか。例えば、防災や防犯といったくらしの安全に関するサービス、戸籍や住民票に関するサービス、教育や医療に関するサービス、まちづくりや環境に関するサービスなど、活動は多岐にわたります。

　これらのサービスのうち、窓口業務やごみ収集といった一般行政に関するサービスは、基本的に税金によって賄われています。一方で、水の供給や下水の処理、医療の提供などは、利用する人が対価を払って、サービスの提供を受けています。

　このように、同じ地方公共団体が提供するサービスのなかでも、利用者が利用した分だけお金を負担するものと、そうでないものがあります。

（1）　一般会計と特別会計

　地方公共団体が行うサービス活動のうち税金で賄われる一般的な行政サービスは、「一般会計」という枠組みで運営されます。一方で、広く一般的な行政サービスとは別に、事業目的を限定し、特定の収入と特定の支出を対応させて経理するための枠組みを「特別会計」と呼びます。そのなかでも、水の供給など、住民の生活に欠かせないサービスでありながらも利用者が利用した分だけお金を負担するような事業は、第1章で述べた通り、社内カンパニーのような性質を持ち、公営企業と呼んでいます。公営企業では、サービスを提供することによって受け取ったお金で、そのサービスにかかった費用を賄う、という「独立採算制」の前提のもとで事業を運営していくことを原則とし、「一般会計」とは別に「特別会計」という枠組みで運営されます。

①　一般会計

　市役所や町役場での窓口業務や、ごみ収集のほかにも、学校の建設や道路の敷設、福祉や保健衛生に関するサービス業務など、住民が安心・安全に暮らすために必要な、さまざまな基本的サービスを提供するためにかかったお金が計上されます。多岐にわたるこれらの支出は、主に税金（地方税や地方交付税）によって賄われています。

②　特別会計

　水の供給や病院などの利用者が料金を負担しそれによってサービス提供にかかる経費を賄うような行政サービスを行う特別会計は「公営企業」と呼ばれ、一般的な行政サービスとは区別して経理します。また、公営企業以外でも、例えば国民健康保険などの行政サービスは、特定の収入を特定の支出に充てて経理するため、会計を別に設けて経理されます。これが特別会計です。

２．特別会計で経理している公営企業に「公営企業会計」を適用するメリット

ではなぜ、公営企業会計を適用するのでしょうか。

公営企業会計を適用し「複式簿記」「発生主義」のしくみを利用すれば、「官庁会計方式」では把握できなかったフロー情報（経営の成績）とストック情報（財政の状況）が明らかになります。これらの情報を利用すれば、経済活動を適切に検証するとともに、さまざまな工夫をすることもできるようになります。

例えば、ストック情報をもとに緊急度に応じた更新投資の優先順位を決めるといった資産管理の適正化を図るほか、中長期的な視点から資金が不足しないよう、適切に料金の水準を設定することが可能となります。また、企業間の比較を行うことで自らの経営状況を把握し見直しに生かすためにも有用です。特に、我が国の公営企業を取り巻く経営環境は、急速な人口減少や施設・管路の老朽化等に伴い、急速に厳しさを増しています。こうした中、住民生活に必要不可欠なライフラインとして公営企業の持続的な経営を確保していくためには、中長期の経営見通しに基づく経営基盤の強化を進める必要があります。例えば水道事業では、市町村の区域を超えて連携してまたは一体的に取り組む広域化の推進が求められます。そのような公営企業の抜本的な改革を進めるためにも、まず公営企業会計の適用により分析可能な財務情報を持つ意義があるのです。これらの情報は、議会や住民の判断に資する情報を提供する意義もあります。公営企業の経営に関しては、第２編でより詳しく触れていますので、ご参照ください。

第２節　３つある適用範囲

地方公営企業法の適用範囲には３つの種類があります。それが、当然適用（全部適用）、当然適用（財務規定等適用）、任意適用の３つです。それぞれの適用方法の概要は**図表１−１**の通りです。

図表 1 - 1 　（再掲）

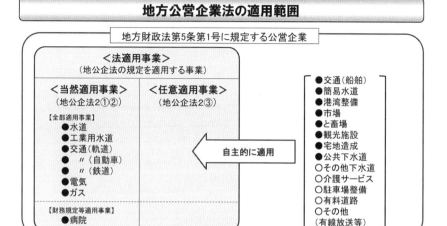

地方公営企業法の適用範囲

※ ●のついたものは、地財法第6条に規定する特別会計設置義務のある公営企業。
※ 地方公営企業のうち、法適用企業は3,301事業、法非適用事業は5,097事業となっている。（平成29年度）

（出所）　総務省「公営企業の経営改革推進に向けた重点施策に関する説明会」（2019年 4 月24日）
　　　　　資料 3 - 2 「地方公営企業法の適用に関するマニュアル（平成31年 3 月改訂版）について」
　　　　　Ｐ 5

1．当然適用（全部適用）事業

　法第 2 条第 1 項において規定されている当然適用事業は、法の規定の全部が強制的に適用されるため、全部適用事業ともいわれます。

　公営企業に法の全部が適用される場合、原則として管理者を設置し、特別会計による企業会計方式の経理、管理者による出納等が行われます。また、企業職員に対して「地方公営企業等の労働関係に関する法律」が適用されます。

図表 2 - 1 　全部適用の 7 事業

・水道事業（簡易水道事業を除く。）
・工業用水道事業

- 軌道事業
- 自動車運送事業
- 鉄道事業
- 電気事業
- ガス事業

2．当然適用（財務規定等適用）事業

　法第2条第2項において規定されている事業（病院事業）には、法の規定のうち財務規定等が当然に適用されます。

図表2-2　病院事業における法適用の関係法令

地方公営企業法第2条第2項
　前項に定める場合を除くほか、次条から第六条まで、第十七条から第三十五条まで、第四十条から第四十一条まで並びに附則第二項及び第三項の規定（以下「財務規定等」という。）は、地方公共団体の経営する企業のうち病院事業に適用する。

　病院事業は財務規定等が当然に適用されるため、特別会計による企業会計方式の経理が行われます。財務規定等だけを適用することを「一部適用」ともいいます。

図表2-3　強制財務規定等適用の1事業

- 病院事業

3．任意適用

　当然適用（全部適用）事業や当然適用（財務規定等適用）事業のほ

か、**図表1-1**で＜法非適用事業＞に区分されている事業は、条例により法の規定の全部または財務規定等を適用することができ（法第2条第3項）、これを「任意適用」といいます。なお、病院事業も条例で定めることにより財務規定等を除く法の規定も適用し全部適用とすることができます（令第1条第1項）。

図表2-4　任意適用事業における法適用の関係法令

地方公営企業法第2条第3項
　前二項に定める場合のほか、地方公共団体は、政令で定める基準に従い、条例（地方自治法（昭和二十二年法律第六十七号）第二百八十四条第一項の一部事務組合（以下「一部事務組合」という。）又は広域連合（以下「広域連合」という。）にあつては、規約）で定めるところにより、その経営する企業に、この法律の規定の全部又は一部を適用することができる。

地方公営企業法施行令第1条第2項
　地方公共団体は、地方公営企業及び前項に規定する病院事業以外の事業で主としてその経費を当該事業の経営に伴う収入をもつて充てるものについて、条例で定めるところにより、法の規定の全部又は財務規定等を、条例で定める日から適用することができる。

　条例で法の規定を適用する方法としては、「全部適用」か「一部適用」の2つのみが認められており、例えば、「法第4章（職員の身分取扱）を除き、法の規定を適用する」などの方法は認められません。

図表 2-5　任意適用の対象となる事業（例）

- 交通（船舶）
- 簡易水道
- 湾岸整備
- 市場
- と畜場
- 環境施設
- 宅地造成
- 公共下水道
- その他下水道
- 介護サービス
- 駐車場整備
- 有料道路
- その他（有線放送等）

　なお、これらの事業を営む公営企業について、法を適用するか否かは地方公共団体の任意とされていますので、いままで法を適用していたところを適用しないこととすることや、法の規定の全部を適用していたところを、これに代えて財務規定等のみを適用することなどもできます。この場合は、それぞれ当該条例を廃止または改正することになります。

　ただし、平成27年及び平成31年の総務大臣通知において、総務省から法の適用が要請されており、上述したメリットに鑑みても、適用することで適切な経営に資するものと考えられます。法適用の具体的な手続等に関しては、第2編で詳しく触れていますので、ご参照ください。

第3節　法を適用するとどうなるの？

　法を適用する範囲が全部適用と財務規定等適用で異なることはわかり

ました。では、「地方公営企業法を適用」すると、具体的にはどのような ルールがあるのでしょうか。全部適用と財務規定等適用に共通する財 務的な特例についての決まりを見てみましょう。

1. 独立採算制の原則

　前述の通り、経営にかかる経費は、その経営に伴う収入をもって賄う 必要があります。例えば、水を1リットル使うために120円の原価がか かっていたとします。独立採算とは、この120円を原則として水を使っ た人から受け取る料金収入で賄ってください、という考え方です。これ は、地方財政法第6条、法第17条の2第2項で定められているルールで す。

2. 経費負担の原則

　では全てのお金を料金で賄っているのでしょうか。実はそうではない ことが多いです。

　基本的には独立採算を目指して経営するのですが、かかったお金のう ち一部を一般会計に負担してもらうしくみがあります。これが「経費負 担の原則」です。

　公営企業は、水の供給のほか、医療の提供、下水の処理といったさま ざまなサービスを提供していますが、どれも採算が取れないからといっ て簡単に事業を廃止できない住民生活に必要不可欠なサービスです。こ の点に配慮し、公営企業では受益者負担の原則に適さない経費について 一般会計等において負担させるものとしており、残りの経費について独 立採算を図ることを定めています。この考え方は、地方財政法第6条、 法第17条の2で、次の2種類の経費について定められています。具体的 に見てみましょう。

（1） 経営に伴う収入をもって充てることが適当でない経費

　「その性質上企業の経営に伴う収入をもつて充てることが適当でない

経費」は法第17条の2第1項第1号に規定されている経費です。すなわち、公営企業の事務として実施してはいるが、その経費を料金として徴収すべきではないものです。

　法第17条の2第1項第1号に規定されている経費は令第8条の5に定められており、代表的な例として、公共の消防のための消火栓に要する経費があります。そのほか、公園などの公共施設に水道を無償で供する経費なども性質上不適当な経費に該当します。これらの経費は公共性が高いため、受益者から徴収するお金で賄うのは不適当であるためです。

（2）　能率的な経営を行ってもなおその経営に伴う収入のみをもって充てることが客観的に困難な経費

　公営企業は経済性を追求するとはいっても、地方公共団体の一部なので公的な性質を持っています。そのため一生懸命経営をしてもどうしても赤字になってしまう部分があります。これが、「その公営企業の性質上能率的な経営を行つてもなおその経営に伴う収入のみをもつて充てることが客観的に困難であると認められる経費」です。法第17条の2第1項第2号に規定されています。

　負担すべき経費の種類は事業ごとに定められますが、こちらも令第8条の5に定められており、代表的な例として、へき地における医療の確保を図るために設置された病院に要する経費があります。公営企業では、山間地や離島などの立地条件から事業が不採算となることが明らかであっても、その公共性の高さと必要性から採算制を度外視して事業を行うことが求められることがあり、そのような場合には、必要となる不採算経費を一般会計等が負担します。

3．経費負担の方法

　これらの性質上不適当、経営上非効率と認められる経費を一般会計等が負担する方法には、出資、長期の貸付け、負担金の支出その他の方法があります（法第17条の2第1項）。

（1）　出資

　「出資」は、建設改良工事を行うにあたって必要とされる一般会計等からの出資及び財産等の移管による現物出資といった「資本的収入」のみが想定され、収益的収支の不足を賄うためのようなものは含まれません。予算・決算上は「他会計出資金」などとして収入され、貸借対照表では「資本金」として示されます。

（2）　長期貸付け

　「長期貸付け」は、一般会計等において元本を回収する必要がある場合に選択することが考えられます。例えば、能率的な経営のもとにおける適正な原価に基づいた料金体系への改定が、何等かの事情により行われない場合等において、その根本的改革が行われるまでの間、長期貸付けとすることが考えられます。

（3）　負担金

　負担金の支出という方法で一般会計等が負担する経費は、経費負担の原則に基づく一般会計等による負担額のみが想定されています。維持管理費用に対する負担金であれば収益的収入（３条収入）、建設改良費に対する負担金であれば資本的収入（４条収入）に、決算上は「他会計負担金」などとして収入されます。

（4）　その他の方法

　業務用の土地、建物等の無償貸付け等が考えられます。その場合は、本来負担すべきサービス給付の対価（例えば、庁舎使用料など）は、サービスの提供側である一般会計等が負担していることになります。

　繰返しになりますが、以上は法第17条の２に基づく一般会計の経費負担です。
　法第17条の２以外の一般会計等からの繰入方法として、補助（法第17

条の３）、出資（法第18条）、長期貸付け（法第18条の２）、その他の方法があります。これらは負担区分に基づかない繰入方法です。

（5）　補助（法第17条の３）

　「地方公共団体は、災害の復旧その他特別の理由により必要がある場合には、一般会計又は他の特別会計から地方公営企業の特別会計に補助をすることができる。」とされています。その他特別の理由としては、災害に準じるような一時的な企業外の要因や要請によって、企業会計において必要な経費を賄うものが客観的に困難または不適当であるような場合があげられます。

　「補助」は経費負担の原則の例外とされ、例えば、料金がコストを下回るため生じた赤字に対する補助や、非能率な経営のために生じた赤字についての補助は望ましくありません。明示された基準はないため、経営状況、一般会計の状況等を判断して長と管理者が協議して判断すべきものと考えられ、予算・決算上は「他会計補助金」として収入されます。

（6）　出資（法第18条）

　法第17条の２以外に、公営企業は法第18条に基づいて出資を受けることができます。法第18条に基づく出資を受けた場合、公営企業は利益の状況に応じて出資を行った一般会計等に対し適正な納付金を納めるべきとされています。これは、出資に対する報酬（利益配当）としての性格を有するもので、その性格上定額ではなく利益の状況に応じた納付金を納めます。

（7）　長期貸付け（法第18条の２）

　法第17条の２以外に、公営企業は法第18条の２に基づいて一般会計等から貸付けを受けることができます。長期貸付けを受けた場合、公営企業は貸付を行った一般会計等に対して、元本のほか適正な利息を支払う

べきとされています。なお、利息の支払時期や利率等は、双方の協議により明確に定めておくべきであり、その際、利息の支払時期は少なくとも年1回以上、利率については一般の金利水準や企業債の利息等を勘案して定めるべきであるとされています。

　ただし実務上はあまり行われていないのが現状です。

第3章｜公営企業会計のしくみ

本章のテーマ

- 民間企業の会計と公営企業会計を比べてみましょう。
- なぜ公営企業において民間企業と同様の発生主義会計が採用されているのか理解しましょう。
- 公営企業における出納整理期間の考え方を理解しましょう。

第1節　民間企業の会計と公営企業会計

1．共通する会計原則

（1）　民間企業の会計原則

　一言で、「民間企業の会計」といっても、現代の民間企業の会計基準は複雑かつ膨大な量です。この中で、民間企業の会計の大原則を規定しているといわれているのは、企業会計審議会が1949年に策定した「企業会計原則」です。企業会計原則は、企業会計の実務の慣習の中から、一般に公正妥当と認められる基準を要約したもので、法律ではないものの、全ての企業の会計処理の際には従うべき基準とされています。企業会計原則で定められているものの中で、代表的なものは「一般原則」です。一般原則は、7つの原則から構成されており、内容は**図表3-1**の通りです。

（2）　公営企業会計の原則

　企業会計原則の7つの一般原則のうち、株式会社特有の「単一性の原則」を除いた6つが公営企業会計の原則として定められており（**図表3-2**）、これを遵守することが求められています（令第9条）。このよ

図表3-1　企業会計原則の7つの一般原則

会計の原則	内容
真実性の原則	企業会計は、企業の財政状態及び経営成績に関して、真実な報告を提供するものでなければならない。
正規の簿記の原則	企業会計は、すべての取引につき、正規の簿記の原則にしたがって、正確な会計帳簿を作成しなければならない。
資本取引・損益取引区分の原則	資本取引と損益取引とを明瞭に区別し、特に資本剰余金と利益剰余金とを混同してはならない。
明瞭性の原則	企業会計は、財務諸表によつて、利害関係者に対し必要な会計事実を明瞭に表示し、企業の状況に関する判断を誤らせないようにしなければならない。
継続性の原則	企業会計は、その処理の原則及び手続を毎期継続して適用し、みだりにこれを変更してはならない。
保守主義（安全性）の原則	企業の財政に不利な影響を及ぼす可能性がある場合には、これに備えて適当に健全な会計処理をしなければならない。
単一性の原則	株主総会提出のため、信用目的のため、租税目的のため等種々の目的のために異なる形式の財務諸表を作成する必要がある場合、それらの内容は、信頼しうる会計記録に基づいて作成されたものであつて、政策の考慮のために事実の真実な表示をゆがめてはならない。

（出所）　企業会計審議会「企業会計原則」最終改正1982年4月20日より作成

うに、公営企業会計に関する大きな考え方は、民間企業の会計と同じものとであると捉えて差し支えありません。

図表 3 - 2　公営企業会計の会計原則

会計の原則	内容
真実性の原則	地方公営企業は、その事業の財政状態及び経営成績に関して、真実な報告を提供しなければならない。
正規の簿記の原則	地方公営企業は、その事業に関する取引について正規の簿記の原則に従つて正確な会計帳簿を作成しなければならない。
資本取引・損益取引区分の原則	地方公営企業は、資本取引と損益取引とを明確に区分しなければならない。
明瞭性の原則	地方公営企業は、その事業の財政状態及び経営成績に関する会計事実を決算書その他の会計に関する書類に明りように表示しなければならない。
継続性の原則	地方公営企業は、その採用する会計処理の基準及び手続を毎事業年度継続して用い、みだりに変更してはならない。
保守主義（安全性）の原則	地方公営企業は、その事業の財政に不利な影響を及ぼすおそれがある事態にそなえて健全な会計処理をしなければならない。

（出所）　地方公営企業法施行令第9条より作成

（3）　民間企業と共通する公営企業会計の特徴

　民間企業の会計の特徴を一言で表すと「発生主義・複式簿記の採用」であり、公営企業会計の大きな特徴としては、民間企業と同様に、発生主義・複式簿記のしくみを取り入れているということです。詳細は後述しますが、発生主義・複式簿記という民間企業会計のしくみを独立採算を前提とする公営企業にも適用することで、民間企業と同様の経営管理が可能となります。また、民間企業が最終的に作成し、報告・公表する貸借対照表や損益計算書、キャッシュ・フロー計算書を公営企業会計でも作成します。これにより民間企業と同様の情報を住民や議会などの利用者に開示することで、より透明性の高い情報開示ができるとされてい

ます。

2．民間企業会計と公営企業会計の違い

ここでは、民間企業会計と公営企業会計の違いを紹介します。

（1）　適用法令が異なる

民間企業会計は、会社法や金融商品取引法、税法などの異なる目的によるさまざまな法令が定められています。公営企業会計は、地方公営企業法と一部の税法のみのため、民間企業会計と比較するとシンプルな体系となっています。

会計処理の基本原則は共通しつつも、適用法令が違うと具体的に作成する財務書類の様式や、具体的な実務指針などが変わってくることから、民間企業会計と公営企業会計では会計処理や開示内容に違いがみられます。

（2）　予算制度がある

民間企業では、予算を作成するものの、あくまで企業が安定的・継続的に事業を運営していくための経営管理のツールの一種であり、作り方や様式といった具体的な規範は決められておらず、会社によりさまざまです。一方で、公営企業は、地方公共団体の一組織ということもあり、一般会計と同様に予算の作成や議会への報告が義務付けられており、そのルールや様式が細かく定められています（法第24条など）。

（3）　補助金などの会計処理が異なる

民間企業の会計ルールを公営企業にそのまま当てはめると、かえって公営企業の実態を表さないものがあります。それらについては、公営企業会計の特有の会計ルールが定められています。

例えば、民間企業に適用される税法では、国庫補助金によって取得した資産は、資産の帳簿価額からその補助分の金額を減額する、いわゆる

「圧縮記帳」という会計処理が認められています。一方で、公営企業はインフラの整備を行うにあたり、多額の国庫補助金や一般会計からの公費負担を受けることがあります。そのような状況のもとで、民間企業同様の圧縮記帳を採用すると、公営企業の資産規模が著しく小さく見えるという問題が生じることから、異なる会計処理が定められています。

第2節　経済活動の変動が発生〜発生主義〜

1．公営企業会計は現金主義ではなく発生主義である

（1）　現金主義ってなに？

　国や地方公共団体などの官庁会計は、現金主義を採用しています。

　現金主義とは、現金の収入ないし支出の事実に基づいて会計記録を行う方法をいいます。例えば、物品を購入する場合、物品の対価として現金を支払った時点において、支出として記録します。また、料金収入の場合、現金が入金された時点で収入として記録します。このように、現金主義は現金に着目して会計処理するため、単純でわかりやすいという特徴があります。

　官庁会計は現金主義であるため、当年度の現金支出はそのまま当年度の公営企業会計でいう費用となります。また、当年度の現金収入はそのまま当年度の公営企業会計でいう収益となります。官庁会計における収益－費用は現金収入－現金支出であり、一会計期間における現金の増減を計算する会計手法が官庁会計ということができます。

　なお、支出と費用及び収入と収益は似たような意味で使われる場合が多いですが、ここでは異なる概念として述べていきます。

（2）　現金主義の問題点とは

　現金主義は現金の収入ないし支出という事実に基づくため、取引の真実性は疑いようがありませんが、経済実態の認識という観点においては弱点があります。

図表 3 - 3　現金主義の問題点

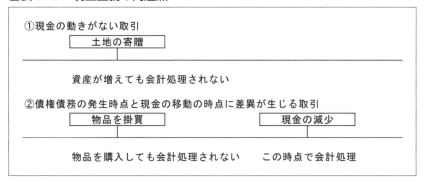

例えば、土地の寄贈を受けた場合、現金主義では現金の動きがない取引は会計処理しません（**図表 3 - 3 の①**）。しかし、現金の動きはないものの、土地という財産が増えている事実があり、何らかの会計処理をするべきです。

また、別の視点になりますが、例えば、ホームセンターで日曜大工のための材料を購入したとします。その時、(a) 現金で支払う場合と、(b) クレジットカードで支払う場合を考えます。(a) の場合は、現金で支払っているため、支出として認識します。(b) の場合は、現金を支出しないので、現金主義においてはその時点では取引として認識しません（**図表 3 - 3 の②**）。この場合は、翌月以降のクレジットカード決済額が銀行口座から引落とされたタイミングで取引を認識することになり、(a) の場合より相当期間遅れることになります。このように支払方法の違いで、材料を購入したという事実の認識時点の相違が生じてしまいます。

さらに、水道事業で浄水施設を50億円で建設した場合を考えてみましょう。浄水施設を建設することで、将来的に料金収入の獲得が期待されますが、建設時点では当然、収入はありません。すると**図表 3 - 4** のように収支が年度間でアンバランスになってしまいます。浄水場の建設は将来の収入獲得を期待しての投資であるため、収支を対応させる必要

図表3-4　浄水施設を建設した場合の収支

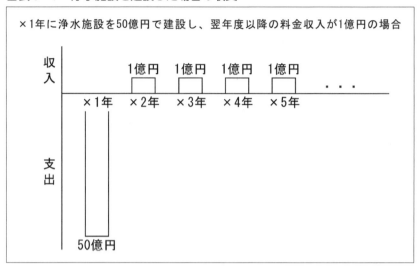

×1年に浄水施設を50億円で建設し、翌年度以降の料金収入が1億円の場合

がありますが、現金主義の場合は収支が対応せず、その年度の経営成績を適切に表しません。

（3）　発生主義ってなに？

　このように現金主義には問題点があるため、公営企業会計は、発生主義を採用しています（法第20条）。

　発生主義とは、経済活動の発生という事実に基づいて会計記録を行う方法をいいます。現金主義と発生主義の違いは、会計記録を行うタイミングが、現金収入または支出があった時点か、経済活動の発生の事実があった時点かという認識時点の違いです。前述（2）の事例でいえば、発生主義においては、(b) の場合、材料購入の時点で、材料費という費用の発生と未払金という負債の増加が生じたと認識して会計処理します。現金の支払いはまだですが、材料費という費用は発生している、と考えることがポイントです。

（4） なぜ公営企業会計は発生主義を採用しているの？

　公営企業は独立採算の原則が設けられています。また、公営企業は水道や病院など、住民にとっての重要なインフラを担っていることから、継続的かつ安定的にサービスを提供する必要があります。そのために、財政状態および経営成績を正確に把握する必要があります。しかし、現金主義ではこれらを正確に表現することが困難です。

　発生主義により取引を把握することで、現金収支がなくても、取引の事実に着目して会計処理されることから、当該年度の経済活動の実態を正確に把握することができるため、公営企業会計では発生主義が採用されています。

　では、発生主義のメリットをいくつか見ていきましょう。

① 決済方法にかかわらず取引を認識するタイミングが同一となる

　先ほど述べた通り、現金主義の場合は (a) 現金で支払う場合と、(b) クレジットカードで支払う場合で、会計処理のタイミングが異なりますが、発生主義においては、(b) の場合も、材料購入時点で、材料費という費用の発生と未払金という負債の増加が生じたことを認識し、取引として会計処理します。結果、現金取引の場合とクレジットカードのような掛取引の場合、いずれも同じタイミングで材料購入の事実を認識できます。

② 現金の動きがない取引を把握できる

　現金主義の弱点として、土地の寄贈を受けた場合など、現金の動きがない取引が会計処理されない点を説明しました。発生主義の場合は経済活動の発生という事実に基づいて会計記録を行うため、現金の動きがなくとも会計処理します。つまり、土地の寄贈を受けた時点で土地という資産の取得を認識します。現金の動きがない取引も把握することで、より適切なストックマネジメントやアセットマネジメントが可能となります。

図表3-5　発生主義による会計処理

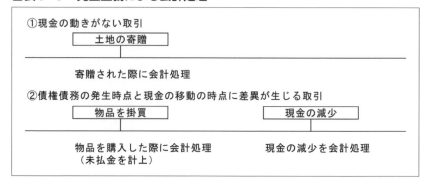

③　正確な期間損益計算が可能となる

　一会計期間における現金の増減を計算する官庁会計に対して、公営企業会計では、一会計期間の事業運営にかかる経営成績として、どれだけ利益または損失が発生したかを計算するために、収益取引および費用取引を整理集計します。これを期間損益計算といいます。

　例えば、ある期間に一括現金支出がある場合、現金主義によると全て支出として会計処理しますが、見合いの収益が計上されない場合は収益と費用が対応しません。発生主義の場合は、翌会計期間以降に効果が及ぶような費用は、当会計期間に費用処理せず、翌期に繰り延べる処理をすることで、費用と収益が対応し、正確な期間損益計算が可能となります。具体的には、施設を建設した際の減価償却費や長期前受金戻入が挙げられます。詳細は第7章第3節において説明します。

　正確な期間損益計算により、料金として回収すべき1年間の費用が明らかとなるため、料金原価の適切な算定に資することとなります。
発生主義を採用すると、**図表3-3**で示した取引は**図表3-5**のように会計処理されます。

（5）　現金主義と発生主義の違いを整理しましょう

　公営企業会計と官庁会計の違いを整理すると**図表3-6**のようになり

図表 3 - 6　発生主義と現金主義の違い

会計	官庁会計	公営企業会計
会計記録	現金主義	発生主義
会計記録の時点	現金の収入及び支出	経済活動の発生
特徴	・単純でわかりやすい	・掛取引と現金取引で取引を認識するタイミングが同一となる ・現金の動きがない取引を把握できる ・正確な期間損益計算が可能となる

ます。

第3節　年度の考え方

1．出納整理期間に行われる収入・支出はどうなるの？

　官庁会計においては、4月から翌3月末までの12ヶ月分に加え、支出負担行為が3月末までに行われているものは、翌4月〜5月末までの2ヶ月間を出納整理期間として収入・支出を追加記録することが認められています。現金主義を一部修正していると捉えることができるかもしれませんが、発生主義が厳密に適用されているわけではありません。

　一方で、公営企業会計では出納整理期間はありません。なぜなら、公営企業会計では発生主義が採用されるため、経済活動の発生の事実があった時点に会計記録を行うためです。例えば、3月に物品を購入した場合、現金支出が4月以降であっても費用は購入した3月に認識しますので、3月の取引として会計記録を行うことができます。

　両者の違いを示すと**図表3 - 7**の通りです。

図表 3 - 7　出納整理期間の違い

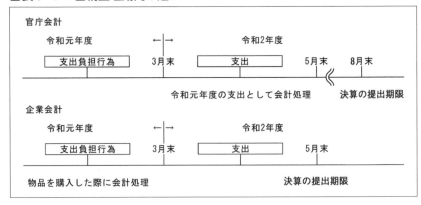

2．出納整理期間がないことによるメリットは？

　発生主義においては出納整理期間がないことによるメリットがあります。それは、決算の早期化です。

　官庁会計においては、出納整理期間が 5 月末までのため、その後に決算調製が実施されます。地方自治法第233条第 1 項では「会計管理者は、毎会計年度、政令で定めるところにより、決算を調製し、出納の閉鎖後三箇月以内に、証書類その他政令で定める書類と併せて、普通地方公共団体の長に提出しなければならない。」とあり、 8 月31日が決算の提出期限となっています。

　一方、公営企業会計においては、法第30条第 1 項で「管理者は、毎事業年度終了後二月以内に当該地方公営企業の決算を調製し、証書類、当該年度の事業報告書及び政令で定めるその他の書類と併せて当該地方公共団体の長に提出しなければならない。」とあり、 5 月31日が決算の提出期限となっており、官庁会計に比べて早くなっています。

　このように公営企業会計は、出納整理期間を待つことなく決算作業を開始できるため、決算の早期化により、迅速な経営評価が可能となります。

第4章 | 予 算

本章のテーマ

- 官庁会計の予算と公営企業会計の予算の相違点を理解しましょう。
- 予算の作成者を確認しましょう。
- 予算書に記載する事項を理解しましょう。
- 公営企業における予算執行の特例を理解しましょう。

第1節　公営企業における予算は何が違うのか

　一般会計及び法非適用の特別会計（官庁会計）では、所得や不動産等に対して徴収される租税収入や国庫補助金、地方交付税などの限られた財源を賢く使うために支出の規制に重点が置かれています。これに対して公営企業会計では、企業経営の経済性を発揮するために、経費の節約と収益の確保を目指して、企業の効率的な運営に重点が置かれていますので、企業環境の変化に対応できるように予算にも弾力的な取扱いが設けられています。

1．官庁会計の予算との共通点

　一般会計では首長が予算を調製して、年度の開始前に議会の議決を受けますが（地方自治法第211条第1項）、公営企業も同様に、首長が予算の調製を行い、年度開始前に議会の議決を受けなければなりません（法第24条第2項）。

　また、公営企業においても、原則として、支出の予算がない場合には

支出することができません（令第18条第5項）。

2. 官庁会計の予算との相違点

公営企業の経営は、利用者から受け取る料金収入を主な財源としていますので、企業を効率的かつ機動的に運営して、安定的にサービスを提供していくことが望ましい姿です。

したがって、予算制度においても公営企業の特徴に合わせて、一般会計とは異なる取扱いが設けられています。

（1） 予算を2つに区分する

官庁会計では、当年度の全ての収入を「歳入」、全ての支出を「歳出」とし、歳入歳出予算を作成します。これに対して企業の経済性が要求される公営企業では、年度の経営成績を把握することが重要となります。ところが、将来に返済義務のある借入金と料金収入など全てを収益に含めてしまうと、企業活動で獲得した「もうけ」である年度の「利益」を適切に計算することができないという問題が生じてしまいます。そのため、公営企業の予算では、収入や支出の性質の違いに着目して、企業の経営成績を計算する「損益取引」と、設備投資や資金調達などの投下資本の増減に関する「資本取引」を区別して作成します。

収益的収入及び支出予算は、予算書の様式から「3条予算」とも呼ばれ、当年度の損益取引に基づくものを区分します。具体的には、料金収入、受託工事収入などの営業活動から得られる収入を収益的収入といい、給与費、減価償却費、支払利息など、収益の獲得に必要となる年度にかかった経費を収益的支出といいます。

資本的収入及び支出予算は、「4条予算」とも呼ばれ、投下資本の増減に関する取引に基づくものを区分します。具体的には、建設改良費や企業債の元金償還金を資本的支出といい、固定資産を取得する財源である国庫補助金、負担金、企業債の発行収入を資本的収入といいます。

（2）　公営企業の予算は収支均衡しない

　官庁会計は、税収等の限られた収入を限度として、支出予算を配分しますので、収入と支出が均衡する予算となります。これに対して、公営企業の予算では必ずしも収支が均衡した予算が作成されるわけではありません。

　3条予算は、料金収入等の事業収益とその収益獲得のために支出した事業費で構成されます。この事業費には、減価償却費等の現金支出を伴わない費用も含まれます。また、事業収益から事業費を控除した残額が利益として算定されますが、企業経営上は、その利益を翌年度以降の運転資金や将来の設備投資に備えた資金として利用します。よって、3条予算は、収支が均衡する予算とはならないことが多く、公営企業が安定的かつ健全経営を行うためには、3条予算の事業収益は事業費を上回る予算を設定することが望ましい姿です。

　4条予算は、建設改良費等と企業債の償還による支出とその財源である国庫補助金等の収入や企業債の発行による収入などにより構成されます。建設改良費等の財源は企業債の発行や国庫補助金等で賄いますが、企業債等の外部資金の調達に頼りすぎると、将来の返済額が予算に大きな影響を与えます。そのため、事業活動で得られた利益の一部を資本的支出の支払いに充当しますので、4条予算は多くの場合、資本的支出が資本的収入を上回ります。

　なお、資本的支出が資本的収入を上回る部分については、予算上で資金不足が生じていないことを説明するために、資金が不足する部分の資金的裏付け（補てん財源）について予算書で説明する必要があります。

（3）　発生主義の採用

　公営企業会計では「発生主義」方式を採用していますので、サービスを提供して料金を受け取る権利が発生した時に「収益」を計上し、物品が納品されて検収した時点に対価を支払う義務が生じますので「費用」を計上します。

そのため、予算においても、収益は年度内に発生が見込まれる調定予定額を、費用は購入等の予定額を計上するなど、発生主義に基づいて予算を編成します。

（4）　現金支出を伴わない費用の予算化

　公営企業の予算では、発生主義方式及び適正な期間損益を把握するために、現金支出を伴わない費用についても予算に計上します。この代表的な例として、減価償却費と引当金が挙げられます。減価償却費と引当金については、それぞれ第7章第3節と第9章第2節で詳述します。

第2節　誰がいつ予算を作るのか

1．予算原案の作成と予算の調製を行うのは

　公営企業の予算は、公営企業の管理者が予算原案を作成したものを首長に提出し、首長がその予算を調製したのち、年度開始前に議会に提出して議決を得る必要があります（法24条第2項）。つまり、公営企業の管理者は、企業の責任者として予算の原案を作成して業務執行の計画案を示し、首長は団体の長として、予算原案を取りまとめて議会の承認を受けます。

　組織や人材の関係上、管理者を設置しない公営企業（法第7条ただし書）については、管理者の権限は地方公共団体の長が行うものとされていますので（法第8条第2項）、予算原案の作成及び予算の調製、いずれも首長が権限を有します。ただし、予算の原案は公営企業の管理者の権限を有する長が作成し、一般行政の長である首長に提出しますので、首長は法に基づく責任の範囲内において首長または管理者の名義で業務を執行します。

2．原則として一般会計部局では予算は作成しない

　公営企業の予算実務では、まずは各課（係）が当年度の予算や直前の

決算を参考に予算科目別の要求額を積算します。その後、予算担当者（係）が事業全体の積算額を集約して予算原案の作成にあたります。

　公営企業の「予算原案」は、減価償却費や引当金を含んだ発生主義ベースで作成され、「予算に関する説明書」として、予定貸借対照表、予定損益計算書及び予定キャッシュ・フロー計算書等を添付して首長に提出しますので、予算の積算から予算書まで公営企業の予算担当者（係）が作成します。

　また、団体の事務分担によっては、予算の基礎数値となる給与や起債システムの情報は人事部局や財政部局が所管しているため、公営企業では予算数値を積算できない状況も考えられますので、予算情報の入手については一般会計部局との連携も重要となってきます。

　近年では、効率性や正確性の観点から、財務会計システムを導入する団体が多くを占めており、固定資産台帳の更新、日々の伝票入力、予算書及び決算書の出力までを行うことができる機能が搭載されています。こうした機械化の進展によって、従来と比較して予算を作成する手間や労力は大幅に省力化されています。一方、人口減少に伴うサービス需要の減少や保有する施設の老朽化に伴う更新需要の増大などから、経営健全化への取組みが求められています。こうした背景から、公営企業の管理職及び予算担当者（係）は、予算を作成するだけではなく、予算の経営指標の分析への活用、予算をサービスの安定供給かつ健全経営を目指す中長期計画の検討へ利用することが求められています。そのため、公営企業会計や財務分析に対する知識の蓄積や継続的な研鑽が期待されています。

3．予算原案の作成時期

　予算原案は首長が予算を調製し、年度開始前に議会の議決を経ます。公営企業の予算も一般会計部局と同様に首長が議会へ議案を提出しますので、地方自治法第211条第1項にしたがって、都道府県及び指定都市は遅くとも年度開始前30日、その他の市町村は遅くとも年度開始前20日

までに予算を議会に提出する必要があります。

第3節　予算に記載する内容

1．予算書に記載する事項とは

　公営企業の予算に記載する事項は令第17条第1項各号に定められています。予定収入及び予定支出のような財務情報のほか、業務の予定量のような非財務情報も予算事項とされています。

図表4-1　予算書の様式

予算書様式	項目	令第17条第1項各号
第1条	総則	－
第2条	業務の予定量	1号
第3条	予定収入及び予定支出の金額（収益的収入及び支出）	2号
第4条	予定収入及び予定支出の金額（資本的収入及び支出）	2号
第5条	継続費	3号
第6条	債務負担行為	4号
第7条	企業債	5号
第8条	一時借入金の限度額	6号
第9条	予定支出の各項の経費の金額の流用	7号
第10条	議会の議決を経なければ流用することのできない経費	8号
第11条	他会計（一般会計又は他の特別会計）からの補助金	9号
第12条	利益剰余金の処分	10号
第13条	たな卸資産購入限度額	11号
第14条	重要な資産の取得及び処分	12号

予算書の様式（則第45条、別記第１号様式）として、第１条から第14条までが列挙されていますが（**図表４-１**）、継続費や債務負担行為等、当年度の予算に該当する項目がないものについては、予算書への記載を省略することができるものとされています。

（1）　第１条（総則）

様式に従って総則を記載します。省略することはできません。

予算の対象となる「事業年度」及び「会計名称」を記載します。

（2）　第２条（業務の予定量）

公営企業は企業の経済性を発揮することが求められており、予算の前提として、経営の目標を設定します。そのため、法第４条に基づき、「地方公営企業の設置等に関する条例」で定めた事業運営の基本的事項（経営の基本）に対する具体的な年度の目標として、業務の予定量を記載します。

記載する項目は、則別記第１号注書きを参考として、例えば、水道事業の場合は、「給水戸数又は給水事業所数」「年間総給水量」「一日平均給水量」等を記載するとともに、主要な建設改良事業の概要等を記載します。

（3）　第３条（収益的収入及び支出）

予定収入及び予定支出は、「収益的収入及び支出」と「資本的収入及び支出」に大別し、さらにこれらを款項に区分するとされていますので（令第17条第２項）、予算様式の第３条と第４条で２つの予算を設定します。また、公営企業は、事業年度における収入及び支出の大綱を定めるとされていますので（法第24条第１項）、機動的な予算執行の観点から、予算書に記載する議決対象科目を款項までとし、業務の執行に伴う収入の見込及び必要な支出の大枠を定める予算となっています。

なお、収益的収入及び支出予算は予算様式の「第３条」に記載されま

すので、収益的収入及び支出予算を一般的に「3条予算」と呼びます。

　3条予算は、当年度に発生した損益取引の全てを含みますが、その取引の性質から、収益及び費用をそれぞれ「営業」「営業外」「特別」の3つに区分します。

　営業収益及び費用は、主たる営業活動から生じる取引をいいます。主な収益は、料金収入や受託工事収益等であり、主な費用は維持管理費、減価償却費等が該当します。

　営業外収益及び費用は、財務的な取引等、主たる営業活動以外から生じる取引をいいます。主な収益は、受取利息、負担金、補助金であり、主な費用は、支払利息、企業債取扱諸費等が該当します。

　特別利益及び損失は、通常の事業経営では生じない、臨時かつ巨額の収益及び費用をいいます。主な利益として、固定資産の売却益や過年度損益修正益があり、主な損失には、固定資産の売却損、災害による損失及び過年度損益修正損等があります。ただし、金額の僅少なもの、または毎期経常的に発生するものは営業費用ないし営業外費用に含めることができます。（企業会計原則注解12参照）。

　予算書では、収入項目を「第1款　事業収益」、その内訳として「第1項　営業収益」「第2項　営業外収益」「第3項　特別利益」と区分して、それぞれの予定額を記載します。また、支出項目では「第1款　事業費用」、その内訳として「第1項　営業費用」「第2項　営業外費用」「第3項　特別損失」と区分して、それぞれの予定額を記載します。さらに、一般会計と同様に「予備費」を定めることも可能です。

（4）　第4条（資本的収入及び支出）

　資本的収入及び支出予算には、建設改良費とその財源となる企業債収入や元金の償還等を計上します。また、資本的収入及び支出予算は予算様式の「第4条」に記載しますので、一般的に「4条予算」と呼ばれま

す。

　4条予算の収入及び支出は、予算年度の貸借対照表の科目の増減項目（フロー情報）を表しますが、期末時点の財産の状況を表す（ストック情報）貸借対照表の取引を予算化することは容易ではありませんので、3条予算の発生主義とは異なり、4条予算は原則として現金収支を伴う取引を予算の対象とします。

　予算書では、収入項目を「第1款　資本的収入」、その内訳として「第1項　企業債」「第2項　出資金」「第3項　他会計からの長期借入金」「第4項　固定資産売却代金」等と区分して、それぞれの予定額を記載します。また、支出項目では「第1款　資本的支出」、その内訳として「第1項　建設改良費」「第2項　企業債償還金」「第3項　他会計からの長期借入金償還金」等と区分して、それぞれの予定額を記載します。

　さらに、4条予算では、資本的支出が資本的収入を上回る場合、資本的支出の資金的裏付けを説明するために補てんする財源の種類及び金額について記載する必要があります。

（5）　第5条（継続費）

　継続費は、建設改良等の特定目的があって、その執行に複数年度を要する場合には、予算として経費の総額及び年割額を定めることにより、複数年度にわたって支出することができる制度です。

　公営企業の予算は原則として単年度主義を採用していますが、複数の事業年度をまたぐような工事等について、工事の予算全体を継続費として確保することにより、契約等の手続削減、工事進捗の管理適正化や資金の効率的な配分が可能となりますので、企業の経済性の観点からも公営企業の趣旨に合致します。

　なお、公営企業会計における継続費は、地方自治法第212条を根拠規定としていますので、一般会計等と取扱いが変わるところはありません

が、公営企業の予算は発生主義に基づいて編成されることから、継続費の予算も発生主義により定められます。

継続費を設定した場合には、予算科目の「款」「項」、「事業名」、事業費の「総額」、「年度」及び「年割額」を定めて記載します。

（6） 第6条（債務負担行為）

債務負担行為は、収入支出予算、継続費の増額または繰越予算に含まれているものを除き、当年度以降にわたって債務を負担する必要がある場合に設定されます。債務負担行為の設定のみによって各年度の予算が確保されるということはありません。

債務負担行為は、将来に支出義務を伴うものが多いため、現実の収入支出予算とあわせて全体を表示することにより取引実態が把握でき、議会の審議上も望ましいという観点から、該当がある場合には予算へ記載する事項とされています。

なお、公営企業会計における債務負担行為は、地方自治法第214条を根拠規定としていますので、継続費と同様に一般会計等と取扱いが変わるところはありません。さらに、債務負担行為として定めた事項は、定めた範囲内において契約等ができますが、実際に支出を行う年度には支出予算に計上して支出する必要がある点も一般会計等と同様です。

予算様式第6条に従い、債務負担行為の「事項」、「期間」及び「限度額」を記載します。

（7） 第7条（企業債）

建設改良費等の財源のために公営企業が発行する地方債を企業債といいます。建設改良費の財源として企業債を発行する場合には、4条予算の総額を予算書に記載します。加えて、災害復旧等の事業費を財源とした企業債等、3条予算に計上した企業債がある場合には、両者を合計した総額を記載します。

予算様式第7条に従い、「起債の目的」、発行の「限度額」、「起債の方

法」、「利率」及び「償還の方法」を記載します。

（8）　第8条（一時借入金の限度額）

　一時借入金とは、予算内の支出を行う際に、運転資金に一時的な不足額が生じた場合に、その不足額を補うための短期の借入金をいいます。時期的なズレに起因する資金不足を補うという性格から、一時借入金は借り入れた事業年度内に償還することが原則とされています。また、年度内に償還することが想定されているため、一時借入金を年度の予算として計上することはできません。

　とはいえ、一時借入金は借入金であり、支払利息が発生します。短期間であっても多額の借入金によって利子負担が増加し、企業経営に影響を与えるおそれがありますので、過度の借入れができないように予算書で限度額を定めることとされています。なお、限度額とは、ある時点での一時借入金現在高をいい、年度の累計額ではありません。

　予算様式第8条に従い、一時借入金の「限度額」を記載します。

（9）　第9条（予定支出の各項の経費の金額の流用）

　公営企業の予算は、原則として款及び項を議決対象科目として大枠を定め、目以下の予算については管理者の権限で流用することができるものとされています。

　しかしながら、経済情勢等の変化により、当初予算どおりの執行ができないような場合に、その都度予算を補正する必要があると、円滑な企業経営を損なう可能性が生じます。よって、予定支出の経費について、原則は各款間または各項間の科目を流用することはできませんが、予算の範囲内で賄うことができる場合には、各項間において予算書で具体的に流用可能な科目を定めることができます。ただし、第10条予算で定める流用禁止項目については、企業の健全性の観点から流用することはできません。

　各項の間における流用を認めるべき項目を定める場合には、例えば、

「営業費用と営業外費用の間」「営業外費用と特別損失の間」等、流用可能となる対象科目を記載します。

(10) 第10条（議会の議決を経なければ流用することのできない経費）

第9条予算で説明した通り、公営企業では原則として款及び項までを予算として定めて、目以下は管理者の権限で流用することができることが定められています。また、支出経費については、予算書に定めて、各項間で流用することも可能となりますので、機動的な予算の執行が制度的に担保されています。

しかしながら、予算に定める経費のうち、適正な予算の執行や経営管理の観点から、企業の将来負担に影響を与えることが懸念される経費については、安易に流用を許して流動的に運用すべき経費ではありませんので、第10条予算で第9条の流用ができない対象科目を定めることとされています。

予算様式第10条に従って、「経費科目」及び「金額」を記載します。予算様式では、「職員給与費」及び「交際費」の2つが定められていますが、その他の経費を流用禁止科目として定めることも可能です。

(11) 第11条（他会計からの補助金）

公営企業は独立採算の原則に基づき企業活動を行いますので、負担区分による収入（法第17条の2）を除いて、企業の経営から得られる収入をもって運営することが求められています。そのため、一般会計等から公営企業に対して補助金が交付されることは原則として想定されていません。ところが、例外的に災害の復旧その他特別の理由により、必要がある場合には、その財政状況、企業の状況に応じて自主的に判断して補助することができる（法第17条の3）とされているため、各団体の判断により公営企業に対して補助を行う場合があります。

このような特別の理由を受けて一般会計等から公営企業が補助金を受

けた場合には、一般会計等が公営企業の経営を助成している特別な状況を説明するために、予算書に補助の理由及び金額を記載します。予算上は、営業活動に対する収益的収入（3条予算）と建設助成のための資本的収入（4条予算）を区分しますが、予算書に記載する補助金の額は、収益的収入と資本的収入の総額を記載します。

予算様式第11条に従い、「補助を行う会計名称」、補助の「金額」及び「その理由」を記載します。

（12）　第12条（利益剰余金の処分）

公営企業の4条予算は、建設改良費や企業債の償還等の支出とその財源に係る収入を予算化しますが、4条支出の全額を企業債の発行や補助金等の外部調達する資金で賄うことは想定されていませんので、多くの企業では、資本的支出が資本的収入を上回る支出超過の予算となります。資金が不足する額は事業活動により得られた資金（利益等）により補てんします。しかし、公営企業の利益処分は、条例の定め、又は議会の議決を経て行うこととされており（法第32条第2項）、実際の利益が確定したとき、つまり決算書が議会の認定を受けたときに行います。このため、当初予算を作成する段階では、当年度及び前年度の見込の利益は確定しておらず、補てん財源として使用することができません。

しかしながら、料金収入から得られる利益を建設改良費の一部に充当する場合のように、確実に得られる利益に限定して、利益の処分の議決を待つことなく、事前に予算書に使途と金額を記載すれば、補てん財源に充てることが認められます。ただし、利益の予定額の処分は、決算が確定した段階で、改めて利益剰余金の処分について議会の議決を得る必要がありますので、補てん財源に充当する金額は、確実に得られる利益に限定する必要があります。

予算様式第12条に従い、「処分の使途」及び「金額」を記載します。

(13)　第13条（たな卸資産の購入限度額）

　たな卸資産は材料、消耗品等を購入したものの、事業に未利用の状態で企業内に保管されているものをいい、公営企業の場合、一般的には貯蔵品として管理します。貯蔵品は、維持管理等に消耗品を使用する場合（収益的支出）、材料を建設改良に使用する場合（資本的支出）の、いずれの取引も対象となりますが、貯蔵品を払い出して、実際に事業に使用した時点で予算執行を行いますので、購入時点では予算の執行は行いません。また、貯蔵品の払い出し時期次第では、翌年度以降に予算執行が行われる可能性もあります。よって、貯蔵品の購入時には予算の制限を受けないこととなるため、予算書に年度内に購入できる貯蔵品の限度額を定めて、限度額の枠内で管理します。

　予算様式第13条に従い、棚卸資産の購入限度額の「金額」を記載します。

(14)　第14条（重要な資産の取得及び処分）

　公営企業で利用する資産の取得、管理及び処分は、管理者が行うものと定められていますが、そのうち種類及び金額に関して条例で定める重要なものを取得及び処分する場合には、予算で定める必要があります（法第33条第2項）。

　重要な資産の取得及び処分の基準は、令第26条の3、別表第2（第26条の3関係）に定められています。また、予算書に記載した重要な資産の取得及び処分のうち、事業年度に行われなかったものについては、翌事業年度以降に予算に定めることなく実施することが認められています。

　予算様式第14条に従い、取得する資産については、土地等の「種類」、資産名称や所在地等の「名称」を記載します。また、処分する資産については、「名称」「数量」を記載し、「処分の態様」には、売払い、譲渡、交換等を記載します。

予算書について、水道事業の一例を示すと**図表4-2**の通りとなります。

図表4-2　予算書の例

議案第 X1 号

　　　　令和○○年度××市水道事業会計予算

　（総　　則）

第1条　令和○○年度××市水道事業会計の予算は、次に定めるところによる。

　（業務の予定量）

第2条　業務の予定量は、次のとおりとする。

(1)　給水戸数	1,500 戸
(2)　年間総給水量	350,000 ㎥
(3)　一日平均給水量	1,000 ㎥
(4)　主要な建設改良事業	
1.配水管整備事業	41,250 千円

　（収益的収入及び支出）

第3条　収益的収入及び支出の予定額は、次のとおりと定める。

収　　　　　入

第1款 水道事業収益	110,500 千円
第1項　営業収益	71,500 千円
第2項　営業外収益	39,000 千円

支　　　　　出

第1款　水道事業費用	52,467 千円
第1項　営業費用	49,203 千円
第2項　営業外費用	3,264 千円

　（資本的収入及び支出）

第4条　資本的収入及び支出の予定額は、次のとおりと定める（資本的収入額が資本的支出額に対し不足する額 6,750 千円は、当年度分消費税及び地方消費税資本的収支調整額 3,000 千円、過年度損益勘定留保資金 3,750 千円で補てんするものとする。）。

収　　　　　入

第1款　資本的収入	37,500 千円
第1項　企業債	30,000 千円
第2項　一般会計等繰入金	7,500 千円

支　　　　出

第1款　資本的支出　　　　　　　　　　　　44,250 千円
　第1項　建設改良費　　　　　　　　　　41,250 千円
　第2項　企業債償還金　　　　　　　　　　3,000 千円
（企業債）
第5条　起債の目的、限度額、起債の方法、利率及び償還の方法は、次のとおりと
　定める。

起債の目的	限度額	起債の方法	利率	償還の方法
上水道事業債	千円 30,000	証書借入	5.0％以内（ただし、利率見直し方式で借り入れる資金について、利率の見直しを行った後においては、当該利率見直し後の利率）	借入先の融資条件による。ただし企業財政の都合により、据置期間を短縮し、若しくは繰り上げ償還又は低利に借り換えることができる。

（一時借入金）
第6条　一時借入金の限度額は、20,000 千円と定める。
（予定支出の各項の経費の金額の流用）
第7条　予定支出の各項の経費の金額を流用することができる場合は、次のとおり
　と定める。
（1）　営業費用と営業外費用との間
（議会の議決を経なければ流用することのできない経費）
第8条　次に掲げる経費については、その経費の金額を、それ以外の経費の金額に
　流用し、又はそれ以外の経費をその経費の金額に流用する場合は、議会の議決を
　経なければならない。
（1）　職員給与費　　　　　　　　　　　　　8,500 千円
（他会計からの補助金）
第9条　資本的支出の一部に充当するため、一般会計からこの会計へ補助を受ける
　金額は、7,500 千円である。
（たな卸資産の購入限度額）
第10条　たな卸資産の購入限度額は、2,000 千円と定める。
　　令和△△年2月28日　提出

　　　　　　　　　　　　××市長　○　○　○　○

2．予算に関する説明書に記載する事項とは（令第17条の2第1項各号）

首長が予算を議会に提出する場合には、「予算に関する説明書」（**図表4-3**）を予算書にあわせて提出することとされています（法第25条、令第17条の2、則第46条別記各号様式）。これらの資料は、予算書を具体的に説明した明細資料等であり、議会で審議される際の参考資料として提出されます。

（1）予算の実施計画

予算書では、「款」及び「項」の予算額を記載しましたが、予算の実施計画では、予算を積算した科目内訳である「目」の予算額を表示します。そのため、3条予算及び4条予算の「目」の合計額は、それぞれの予算の「款」及び「項」の金額と一致します。

様式の備考欄は、概要の説明を記載することとされており、予算に含まれる消費税等の金額を記載している事例もみられます。

図表4-3　予算に関する説明書

予算書様式	項目	令第17条の2 第1項各号
別記第2号	予算の実施計画	1号
別記第15号	予定キャッシュ・フロー計算書	2号
別記第3号	給与費明細書	3号
別記第4号	継続費に関する調書	4号
別記第5号	債務負担行為に関する調書	5号
別記第13号	当該事業年度の予定貸借対照表	6号
別記第10号	前事業年度の予定損益計算書	
別記第13号	前事業年度の予定貸借対照表	

（2）　予定キャッシュ・フロー計算書

　公営企業の予算では、発生主義によって予算書が作成されますので、期末時点で未収金や未払金が生じることになり、予算と実際の現金収支は一致しないことになります。また、３条予算には減価償却費や引当金のように、現金支出を伴わない費用も予算に計上しますので、このような理由によっても予算と現金収支は一致しません。しかしながら、企業経営においては、手許資金（手元資金）が不足すると企業の継続性に問題が生じるおそれがあるため、現金収支とその用途を把握して、報告することは重要であり、予定キャッシュ・フロー計算書を議会に提出するものとされています。

　予定キャッシュ・フロー計算書の表示方法として、直接法（商品の販売や仕入、給料の支払い、経費の支払いなどの主要な取引ごとにキャッシュ・フローを総額表示する方法）と間接法（損益計算書の当年度純利益に非資金損益項目や、投資活動や財務活動の区分に含まれる損益項目を加減して表示する方法）の選択適用が認められていますが、間接法は損益計算書の当年度純利益や貸借対照表の変動が現金預金の増減理由を説明する形で表示されるため、分析が容易であることから多くの公営企業に採用されています。また、直接法は取引ごとに収支の有無を確認する必要がありますので、作成に手数がかかることも間接法を採用する公営企業が多い理由と考えられます。

（3）　給与費明細書

　給与費は、３条予算と４条予算に区分され、「節」または「細節」に計上されることが多いため、実施計画上も内訳が表示されません。そのため、公営企業において金額的重要性の高い給与費について、給与費明細書を作成し、一覧表示することにより、その全体観と項目の内訳を明示します。

　給与費明細書の合計額は、予算様式第10条の流用禁止項目の職員給与費の額と一致します。

（4）　継続費に関する調書

　継続費は、複数年度にわたる取引について、全体計画に対して、前年度末まで支払義務発生（見込）額、当年度末の支払義務発生予定額及び翌年度以降の支払義務発生予定額を把握するために、予算に定めた継続費の明細を作成します。

　当年度の予算に計上したものだけでなく、過年度の議決を受けたもので、当年度以降に影響があるものについても記載します。

（5）　債務負担行為に関する調書

　債務負担行為についても継続費と同様に、定めた限度額に対して前年度末までの支払義務発生（見込）額、当年度以降の支払義務発生予定額を把握するために作成する調書です。

　記載事項も継続費と同様、当年度の予算に計上したものだけでなく、過年度の議決を受けたもので、当年度以降に影響があるものについても記載します。

（6）　予定損益計算書

　予算に関する説明書では、予算の審議において、予算対象年度（当年度）とその前年度の予算を比較・議論できるように、予算対象年度の前年度の予定損益計算書を作成することが義務付けられています。

　予定損益計算書では、当年度の予定損益計算書の情報を3条予算及び実施計画として開示しますので、予算に関する説明書では、予算作成時の進行年度の損益見込を前年度の予定損益計算書として添付します（**図表4-4**参照）。

　3条予算及び実施計画は消費税込みの予算ですが、前年度の予定損益計算書は、税抜の金額で作成しますので留意が必要です。

図表 4 - 4　予算に関する説明書に添付する予定損益計算書と予定貸借対照
　　　　　表の関係

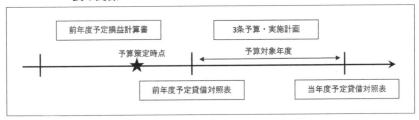

（7）　予定貸借対照表

　予定貸借対照表も予定損益計算書と同様に、予算の審議において、予
算対象年度（当年度）とその前年度の予算を比較・議論できるように、
当年度と前年度の予定貸借対照表を作成することが義務付けられていま
す。4条予算は年度の建設改良等の収支であり、資産や負債の残高を表
すものではありませんので、予定貸借対照表については、前年度末の予
定貸借対照表と当年度末の予定貸借対照表を作成します（**図表 4 - 4 参**
照）。前年度予定貸借対照表により、どれくらいの資産・負債をもって
予算対象年度をスタートするのかを示し、当年度予定貸借対照表では、
予算通りに執行していった場合、年度末にどれくらい資産・負債が残る
のかを表します。

第 4 節　予算の執行

　公営企業は、一般会計等と同様に予算制度を採用しながらも、機動的
に対応できるように、弾力的な予算の運用が認められています。

1．予算の流用

　第 2 節で説明しましたが、公営企業の予算は事業年度の収入及び支出
の大綱を定めるものとして、款項を議決対象科目として大枠の予算を設
定します。さらに、職員給与費等の一部の科目を除いて、予算書で定め

ることにより、支出経費のうち各項間の経費を流用することも認められます。

2．予算の弾力条項

　公営企業は経済性を発揮して収益の獲得を増大させることが求められますが、業務量が増加して予算を超える料金収入を得ることができる場合に、支出予算が超過することを理由に、サービスを提供することができないということになると、予算制度が企業活動を妨げる要因となってしまいます。このような矛盾を回避するため、業務量の増加に伴い収益が増加する場合には、当該業務に直接必要な経費に限って、予算を超えて支出することが認められています（弾力条項。地方自治法第218条第4項、法第24条第3項）。法非適用企業では、弾力条項を適用できない経費として「職員の給料」が明記されていますが（地方自治法施行令第149条）、法適用企業ではこのような制約はありません。

　ただし、予算制度の趣旨を踏まえると、予備費または予算の流用を先に適用し、予算を補正することが可能な状況においては、予算を補正して対応すべきといえます。よって、弾力条項の発動は補正予算を提出する時間的余裕がない臨時的な場合に限って適用することが望まれます。

3．前金払、概算払等の予算執行

　公営企業の予算執行は、発生主義によって権利または支払義務の確定時点に行われますので、収入であれば調定、または費用であれば検収時点に予算執行を行います。そのため、前金払や概算払については、現金の支出は生じますが、予算の執行は行わず、前払金による支出として会計処理を行います。そして、実際に役務提供を受けた時点に予算執行を行うとともに、前払金から本勘定である経費科目に振り替えます。

　これとは反対に、未収金及び未払金については、調定または検収時に予算執行を行いますので、入金または出金時には予算執行はありません。

第5章｜決 算

本章のテーマ

- 決算書類として作成する必要のある書類とその内容を理解しましょう。
- 決算書の作成者を確認しましょう。

第1節　決算書類の内容

1．公営企業で作成する決算書類及び決算附属書類

公営企業会計の決算では、法第30条第1項・第6項、令第23条等で定

図表5-1　決算書類及び決算附属書類の一覧

区分	書類名
決算書類	決算報告書
	損益計算書
	剰余金計算書または欠損金計算書
	剰余金処分計算書または欠損金処理計算書
	貸借対照表
決算附属書類	証書類
	事業報告書
	キャッシュ・フロー計算書
	収益費用明細書
	固定資産明細書
	企業債明細書

められたさまざまな書類を作成する必要があります。これらの書類は、議会の認定に付すための議案として提出し、認定の対象になる「決算書類」と、審査の参考資料という位置付けである「決算附属書類」に区分されます。

2．決算の作成者

公営企業の決算を調製（作成）するのは管理者です。管理者は毎事業年度終了後2月以内に決算を調製し、証書類、当該年度の事業報告書及び政令で定めるその他の書類をあわせて当該地方公共団体の長に提出しなければならないとされています（法第30条第1項）。

ただし、管理者を置かない企業（法第7条ただし書）、または、財務規定等が適用される企業（法第2条第2項・第3項）では、地方公共団体の長が決算を調製します（法第8条第2項、第34条の2本文）。なお、財務規定等が適用される企業では、条例で定めるところにより、地方公共団体の会計管理者が決算の事務の全部または一部を行うこととした場合には、会計管理者が決算を調製します（法第34条の2ただし書）。

図表5-2　公営企業・一般会計との決算の調製者の比較

区分	法適用範囲	体制	決算の調製者
公営企業	全部適用	管理者設置	管理者
		管理者非設置	地方公共団体の長
	財務規定等適用	会計事務等を会計管理者に委任しない	地方公共団体の長
		会計事務等を会計管理者に委任する	会計管理者
一般会計	－	－	会計管理者

3. 決算書類及び決算附属書類の説明

　上述した通り、公営企業会計の決算では多くの書類を作成することが求められます。以下でそれぞれの内容を説明します。

（1）　決算書類
①　決算報告書

　予算に対しての決算を示すために作成するのが決算報告書です。そのため、決算報告書は当該年度の予算の区分に従って作成されます。後述する損益計算書や貸借対照表等の財務諸表は税抜で作成されますが、決算報告書は予算が税込であるため、税込で作成されます。決算報告書

図表5-3　決算報告書の例

令和○○年度××市水道事業決算報告書

（1）収益的収入及び支出

収　入
(単位：円)

区分	予算額				決算額	予算額に比べ決算額の増減	備考
	当初予算額	補正予算額	地方公営企業法第24条第3項の規定による支出額の係る財源充当額	合計			
第1款 水道事業収益	112,000,000	0	0	112,000,000	110,500,000	▲ 1,500,000	
第1項 営業収益	72,000,000	0	0	72,000,000	71,500,000	▲ 500,000	(うち、仮受消費税及び地方消費税6,500,000円)
第2項 営業外収益	40,000,000	0	0	40,000,000	39,000,000	▲ 1,000,000	

支　出
(単位：円)

区分	予算額							決算額	地方公営企業法第26条第2項の規定による繰越額	不用額	備考
	当初予算額	補正予算額	予備費支出額	流用増減額	地方公営企業法第24条第3項の規定による支出額	小計	地方公営企業法第26条第2項の規定による繰越額	合計			
第1款 水道事業費用	53,200,000	0	0	0	0	53,200,000	0	53,200,000	52,467,000	0	733,000	
第1項 営業費用	50,000,000	0	0	0	0	50,000,000	0	50,000,000	49,203,000	0	797,000	(うち、仮払消費税及び地方消費税3,100,000円)
第2項 営業外費用	3,200,000	0	0	0	0	3,200,000	0	3,200,000	3,264,000	0	▲ 64,000	

収　入　　　　　　　　　　　　　　　　　　　　　　　　　　　　　　　　　　　（単位：円）

区分	予算額						決算額	予算額に比べ決算額の増減	備考
	当初予算額	補正予算額	小計	地方公営企業法第26条の規定による繰越額に係る財源充当額	継続費逓次繰越額に係る財源充当額	合計			
第1款 資本的収入	37,500,000	0	37,500,000	0	0	37,500,000	37,500,000	0	
第1項 企業債	30,000,000	0	30,000,000	0	0	30,000,000	30,000,000	0	
第2項 一般会計等繰入金	7,500,000	0	7,500,000	0	0	7,500,000	7,500,000	0	

支　出　　　　　　　　　　　　　　　　　　　　　　　　　　　　　　　　　　　（単位：円）

区分	予算額							決算額	翌年度繰越額			不用額	備考
	当初予算額	補正予算額	流用増減額	小計	地方公営企業法第26条の規定による繰越額	継続費逓次繰越額	合計		地方公営企業法第26条の規定による繰越額	継続費逓次繰越額	合計		
第1款 資本的支出	45,000,000	0	0	45,000,000	0	0	45,000,000	44,250,000	0	0	0	750,000	
第1項 建設改良費	42,000,000	0	0	42,000,000	0	0	42,000,000	41,250,000	0	0	0	750,000	（うち、仮払消費税及び地方消費税3,750,000円）
第2項 企業債償還金	3,000,000	0	0	3,000,000	0	0	3,000,000	3,000,000	0	0	0	0	

は、収益的収入及び支出、資本的収入及び支出の双方から構成され、予算と実績を対比した情報を提供します。

②　損益計算書

公営企業は「企業」であるため独立採算による経営的な視点が必要ということは前述した通りです。その経営の成績は損益計算書という報告書に示されます。損益計算書とは、一事業年度における企業の経営成績を明らかにするための報告書です。損益計算書は、その期間中に得た全ての収益と、これに対応する全ての費用を記載し、純損益とその発生の由来を表示します。英語では Profit and Loss statement と表記され

るため、P/L（ピーエル）と呼ばれることが多いです。

　損益計算書は、営業損益計算、経常損益計算及び純損益計算の区分を
設けなければならず、それぞれの区分において利益が算出されます。**図
表 5 - 4** は水道事業を例に、損益計算書にどのような項目が含まれるか
を示したものです。この区分により、公営企業がどのような経営活動に
よって、どれだけの経営成績をあげたかを知ることができます。

図表 5 - 4　損益計算書に含まれる項目（当年度純利益まで）

項目名	内容
① 営業収益	通常の業務活動（本業）により発生した収益が計上されます。 例：給水収益、受託工事収益等
② 営業費用	通常の業務活動（本業）により発生した費用が計上されます。 例：原水費、浄水費、総係費、減価償却費等
③ 営業利益 （営業損失）	営業収益から営業費用を差し引いて求め、通常の業務活動（本業）の損益の結果が表示されます。営業利益（営業損失）は本業によりどのくらいの利益もしくは損失が計上されたかを示します。
④ 営業外収益	金融及び販売活動に伴う収益やその他通常の業務活動（本業）以外から生ずる収益が計上されます。 例：受取利息及び配当金、長期前受金戻入等
⑤ 営業外費用	金融及び財務活動に伴う費用やその他通常の業務活動（本業）以外から生ずる費用が計上されます。 例：支払利息及び企業債取扱諸費等
⑥ 経常利益 （経常損失）	営業利益（営業損失）に営業外収益を加え、営業外費用を差し引いて求め、通常の業務活動（本業）に関する損益に加えて資金調達等に関する損益の結果が表示されます。経常利益（経常損失）は本業に加え、本業以外の業務や財務活動から経常的にどのくらいの利益もしくは損失が計上されたかを示します。
⑦ 特別利益	経常的に発生しない収益が計上されます。 例：固定資産売却益等

⑧ 特別損失	経常的に発生しない費用が計上されます。 例：固定資産売却損、減損損失、災害による損失等
⑨ 当年度純利益 　（当年度純損失）	1年間の全ての損益の結果が表示されます。当年度純利益（当年度純損失）は企業の全ての事業活動からどのくらいの生じた利益もしくは損失が計上されたかを示します。

図表 5-5　損益計算書の例

令和○○年度××市水道事業損益計算書
（令和○○年4月1日から令和△△年3月31日まで）

（単位：円）

```
1   営業収益
   （1）給水収益                   60,000,000
   （2）その他営業収益              5,000,000      65,000,000

2   営業費用
   （1）原水費                      7,250,000
   （2）浄水費                      8,000,000
   （3）配水及び給水費             17,533,000
   （4）総係費                      5,000,000
   （5）減価償却費                  7,800,000
   （6）資産減耗費                    520,000      46,103,000
        営業利益                                                18,897,000

3   営業外収益
   （1）受取利息及び配当金            200,000
   （2）他会計負担金               33,000,000
   （3）長期前受金戻入              5,800,000      39,000,000

4   営業外費用
   （1）支払利息及び企業債取扱諸費    264,000
   （2）雑支出                      3,000,000       3,264,000      35,736,000
        経常利益                                                54,633,000

        当年度純利益                                            54,633,000

        前年度繰越利益剰余金                                              0

        その他未処分利益剰余金変動額                                      0

        当年度未処分利益剰余金                                  54,633,000
```

③ 剰余金計算書または欠損金計算書

　剰余金計算書は、後述する貸借対照表に記載されている資本金及び剰余金（資本剰余金と利益剰余金）が事業年度中にどのように変動しているかを示す報告書になります。貸借対照表が一定の時点における結果としての報告書であるため、そこで示されている剰余金は変動した後のものであり、事業年度中にどのように変動したかを示すものが剰余金計算書となります。そのため、剰余金計算書は、前年度末の残高に前年度の処分額と当年度の変動額を表示することにより、貸借対照表に記載されていた資本金及び剰余金のその年度中の変化を知ることができます。前年度の処分額や当年度の変動額とは、主に議会の議決による処分額や当年度純利益を意味します。

　これに対し、欠損金計算書は、欠損金の年度中の増減異動に関する報告書であり、その内容や様式は前述した剰余金計算書と実質的に同じです。欠損金計算書は、繰越欠損金の科目が記載され、かつ資本剰余金に関する記載がされていない場合に作成されます。

図表5-6　剰余金計算書の例

令和○○年度××市水道事業剰余金計算書
（令和○○年4月1日から令和△△年3月31日まで）

(単位：円)

			剰余金						
		資本金	資本剰余金		利益剰余金				資本合計
			工事負担金	資本剰余金合計	減債積立金	建設改良積立金	未処分利益剰余金	利益剰余金合計	
前年度末残高		300,000,000	100,000,000	100,000,000	0	0	57,454,000	57,454,000	457,454,000
前年度処分額		0	0	0	46,838,000	10,616,000	▲ 57,454,000	0	0
	議会の議決による処分額	0	0	0	46,838,000	10,616,000	▲ 57,454,000	57,454,000	457,454,000
	減債積立金	0	0	0	46,838,000	0	▲ 46,838,000	57,454,000	457,454,000
	建設改良積立金	0	0	0	0	10,616,000	▲ 10,616,000	0	0
処分後残高		300,000,000	100,000,000	100,000,000	46,838,000	10,616,000	（繰越利益剰余金） 0	57,454,000	457,454,000
当年度変動額		0	0	0	0	0	54,633,000	54,633,000	54,633,000
	当年度純利益	0	0	0	0	0	54,633,000	54,633,000	54,633,000
当年度末残高		300,000,000	100,000,000	100,000,000	46,838,000	10,616,000	（当年度未処分利益剰余金） 54,633,000	112,087,000	512,087,000

④ 剰余金処分計算書または欠損金処理計算書

剰余金計算書の利益剰余金の欄において表示される未処分利益剰余金は、利益処分の対象となる剰余金であって、この未処分利益剰余金の処分についての計算書が剰余金処分計算書です。

具体的には、利益の処分（法第32条第2項）、資本剰余金の処分（法第32条第3項）、資本金の額の減少（法第32条第4項）を行うときにその内容及び金額が記載されますが、いずれの処分も行わない場合であっても、剰余金処分計算書の作成を省略することは適当ではありません。

一方、企業において当年度未処理欠損金がある場合、その欠損金を補填するための処理を明らかにするために作成される書類が欠損金処理計算書です。剰余金処分計算書と同様、欠損金処理計算書もなんら欠損処理を行わず、未処理欠損金を全額翌年度へ繰り越す場合にも、当年度欠損処理額は「0」として欠損金処理計算書を作成するのが適当です。

図表5-7　剰余金処分計算書の例

令和○○年度××市水道事業剰余金処分計算書

（単位：円）

	資本金	資本剰余金	未処分利益剰余金
当年度末残高	300,000,000	100,000,000	54,633,000
議会の議決による処分額	0	0	▲ 54,633,000
減債積立金への積立	0	0	▲ 33,000,000
建設改良積立金への積立	0	0	▲ 21,633,000
処分後残高	300,000,000	100,000,000	（繰越利益剰余金） 0

⑤ 貸借対照表

公営企業が有する財産や借金がどのくらいあるのかを示すのが貸借対照表です。貸借対照表は、企業の財政状態を明らかにするため、一定の時点において当該企業が保有する全ての資産、負債及び資本を総括的に表示した報告書です。英語では Balance Sheet と表記されるため、B/S（ビーエス）と呼ばれることが多いです。損益計算書は「一事業年度」の情報を示すのに対し、貸借対照表は「一定の時点」の情報を示す

図表5-8 貸借対照表の例

令和○○年度××市水道事業貸借対照表
（令和△△年3月31日）

(単位：円)

資産の部

I 固定資産
  1 有形固定資産
（1）	土地		100,000,000	
（2）	建物	50,000,000		
	減価償却累計額	△ 2,000,000	48,000,000	
（3）	構築物	126,000,000		
	減価償却累計額	△ 4,100,000	121,900,000	
（4）	機械及び装置	69,900,000		
	減価償却累計額	△ 7,220,000	62,680,000	
	有形固定資産合計		332,580,000	

II 流動資産
1	現金及び預金		470,266,000	
2	未収金	6,600,000		
	貸倒引当金	△ 99,000	6,501,000	
3	貯蔵品		1,000,000	
	流動資産合計			477,767,000
	資産合計			810,347,000

負債の部

III 固定負債
  1 企業債
（1）	建設改良費等の財源に充てるための企業債	82,000,000		
	固定負債合計		82,000,000	

IV 流動負債
  1 企業債
（1）	建設改良費等の財源に充てるための企業債	3,000,000		
2	未払金	5,660,000		
3	引当金			
（1）	賞与引当金	2,500,000		
	流動負債合計		11,160,000	

V 繰延収益
1	長期前受金	215,900,000		
2	長期前受金収益化累計額	△ 10,800,000		
	繰延収益合計			205,100,000
	負債合計			298,260,000

資本の部

VI 資本金
1	資本金		300,000,000	

VII 剰余金
  1 資本剰余金
（1）	工事負担金	100,000,000		
	資本剰余金合計		100,000,000	
2	利益剰余金			
（1）	減債積立金	46,838,000		
（2）	建設改良積立金	10,616,000		
（3）	当年度未処分利益剰余金	54,633,000		
	利益剰余金合計		112,087,000	
	剰余金合計			212,087,000
	資本合計			512,087,000
	負債資本合計			810,347,000

点が両者の根本的な相違点です。すなわち、公営企業の決算において
は、貸借対照表は3月31日時点の情報を、損益計算書は4月1日から3
月31日までの情報を示しています。なお、このような性質から、貸借対
照表はストック情報を、損益計算書はフロー情報を示すといわれます。

　貸借対照表は、資産の部、負債の部及び資本の部の3区分に分かれ、
さらに資産の部を固定資産、流動資産及び繰延資産に、負債の部を固定
負債、流動負債及び繰延収益に、資本の部を資本金及び剰余金に区分し
なければなりません。

　公営企業における貸借対照表の資産及び負債の勘定科目の配列は、固
定資産・固定負債が上部に表示される固定性配列法によっていますが、
これは公営企業が通常、多額の固定資産を有するためです。この点、一
般事業会社の貸借対照表は流動性配列法（流動資産・流動負債が上部に
表示）によっているのとは対照的です。

（2）　決算附属書類
①　証書類

　証書類とは、決算作成の基礎となった全ての証拠書類をいい、例え
ば、仕訳伝票、総勘定元帳、固定資産台帳、予算実施計画、月次試算表
等をいいます。

②　事業報告書

　事業報告書は、その事業年度におけるその事業の経営に関する報告書
です。主な記載内容は、事業の総括、建設工事等の概況、業務量、重要
契約や企業債の概況等の会計に関する事項、附帯事項、その他決算日後
に生じた企業の状況に関する重要な事実等です。

　事業報告書では、公営企業が行った事業の当該年度における経営実績
の公式記録として、説明は平易かつ正確に行うことが求められています。

③ キャッシュ・フロー計算書

　公営企業の保有している財産のうち、現金預金をどのくらい保有していて、どのようなものに使用されているのかを示す書類がキャッシュ・フロー計算書です。すなわち、キャッシュ・フロー計算書とは、一事業年度のキャッシュ・フローの状況（現金預金の動き）を、一定の活動区分別に表示した報告書です。キャッシュ・フロー計算書も「一事業年度」の情報を示すため、損益計算書と同様にフローの概念になります。

　キャッシュ・フロー計算書は、業務活動によるキャッシュ・フロー、投資活動によるキャッシュ・フロー及び財務活動によるキャッシュ・フローに区分して表示し、最終的に資金の期末残高を明らかにします。キャッシュ・フロー計算書における「資金」は、貸借対照表における「現金・預金」と同じ定義のため、キャッシュ・フロー計算書で表示される資金期末残高と貸借対照表における「現金・預金」は一致します。

　キャッシュ・フロー計算書はその名の通り、現金の動きに着目した計算書であり、損益計算書との大きな違いは、損益計算書が「利益」を示すのに対し、キャッシュ・フロー計算書は「現金・預金」を示す点です。発生主義会計のもとでは、収益・費用を認識する時点と現金の収入・支出の時点に差が生じます。また、減価償却費や長期前受金戻入のように、現金の収入・支出を伴わない収益・費用が存在します。これらの要因により、「利益が多く出ている≠資金が多くある」という状況になり、損益計算書だけでは、当該企業の資金繰りまでを把握することができないため、資金繰りを把握できるキャッシュ・フロー計算書の作成が求められました。

　以下で簡単な例を見ていきましょう。説明を簡単にするために次の前提を置いています。

- 当事業年度の収益は10億円でした。うち、当事業年度中に入金が
  あったものが8億円、未収入金（＝翌事業年度に入金）は2億円
  です。
- 当事業年度の減価償却費を除く費用は8億円で、全て当事業年度
  中に支払済です。
- 当事業年度の減価償却費は1億円でした。

この場合の損益計算書は次の通りで、1億円の利益が出ています。利
益が出ているのはわかりますが、現金はいくらあるでしょうか。答えは
1億円ではありません。

損益計算書

収益	10億円
費用	8億円
減価償却費	1億円
利益	1億円

キャッシュ・フロー計算書は上述した通り、現金の動きに着目しま
す。この例において、いったいいくらの現金が入って出たのか見ていき
ます。
　まず、収益の10億円ですが、設例にある通り、当事業年度中に入金が
あったものが8億円であるため「8億円の収入」になります。一方、費
用の8億円は全て当事業年度中に支払済のため、「8億円の支出」にな
ります。最後に減価償却費ですが、減価償却費は固定資産の価値減耗を
示したものであるため、現金の支出がない費用です。したがって、減価
償却費から生じた支出は「0」です。
　以上より、当事業年度中には8億円の収入と8億円の支出が現金の動
きとしてあったため、収支合計は「0」となります。

キャッシュ・フロー計算書

収入	8億円
支出	8億円
現金	0億円

　このように、利益と現金は別物であり、損益計算書のみでは公営企業の資金繰りを把握できません。平成26年の地方公営企業会計制度改正前も、予算上は資金計画を作成していましたが、決算では資金繰りを示す書類がなく、制度改正によりキャッシュ・フロー計算書の作成が義務付けられました。

　キャッシュ・フロー計算書は上述した通り、業務活動によるキャッシュ・フロー、投資活動によるキャッシュ・フロー及び財務活動によるキャッシュ・フローに区分して表示します。**図表5-9**でそれぞれの区分の説明と項目名をまとめました。

図表5-9　キャッシュ・フロー計算書の構造

区分	説明	項目例
業務活動による キャッシュ・フロー	業務活動によるキャッシュ・フローの区分には、地方公営企業の通常の業務活動の実施による資金の増減を表す	サービスの提供等による収入、原材料、商品またはサービスの購入による支出等
投資活動による キャッシュ・フロー	投資活動によるキャッシュ・フローの区分には、将来に向けた運営基盤の確立のために行われる投資活動による支出とその財源となる補助金等の収入を表す	固定資産の取得（建設改良費）及び売却、投資資産の取得及び売却等によるキャッシュ・フロー等

財務活動による キャッシュ・フロー	財務活動によるキャッシュ・フローの区分には、資金調達による資金の増減を表す	増減資による収入・支出、及び借入れ・返済による収入・支出等によるキャッシュ・フロー等

　業務活動によるキャッシュ・フローの表示方法には、主要な取引ごとに収入総額と支出総額を表示する方法（直接法）と、損益計算書の純損益に必要な調整項目を加減して表示する方法（間接法）とがあり、これらの方法の選択適用が認められています。いずれの表示方法を選択した場合でも、業務活動によるキャッシュ・フローの合計は同値となり、また、投資活動によるキャッシュ・フローの区分及び財務活動によるキャッシュ・フローの区分については、直接法と間接法のいずれを選択しても金額・項目共に同一です。

図表5-10　キャッシュ・フロー計算書の例

令和〇〇年度××市水道事業キャッシュ・フロー計算書
（令和〇〇年4月1日から△△年3月31日まで）

（単位：円）

1　業務活動によるキャッシュ・フロー	
当年度純利益	54,633,000
減価償却費	7,800,000
長期前受金戻入額	▲ 5,800,000
受取利息及び配当金	▲ 200,000
支払利息及び企業債取扱諸費	264,000
固定資産除却損	520,000
未収金の増減額（▲は増加）	14,900,000
未払金の増減額（▲は減少）	2,250,000
たな卸資産の増減額（▲は増加）	▲ 1,000,000
引当金の増減額（▲は減少）	33,000
小計	73,400,000
受取利息及び配当金	200,000
支払利息及び企業債取扱諸費	▲ 264,000
業務活動によるキャッシュ・フロー	73,336,000

2 投資活動によるキャッシュ・フロー

有形固定資産の取得による支出	▲ 37,500,000
一般会計等繰入金による収入	7,500,000
投資活動によるキャッシュ・フロー	▲ 30,000,000

3 財務活動によるキャッシュ・フロー

企業債による収入	30,000,000
企業債の償還による支出	▲ 3,000,000
財務活動によるキャッシュ・フロー	27,000,000
資金増加額（又は減少額）	70,336,000
資金期首残高	399,930,000
資金期末残高	470,266,000

④ 収益費用明細書

収益費用明細書は損益計算書の内訳説明書です。損益計算書には、勘定科目の「款」「項」「目」の金額までしか表示されていないため、「款」「項」「目」に加えて「節」の収益、費用の内訳の詳細を表示して、年度中の経営成績をより深く把握するために作成されます。

⑤ 固定資産明細書

固定資産明細書は、貸借対照表に記載された固定資産に関する内訳の説明書です。固定資産明細書は、固定資産の種類ごとに、年度当初現在高、当年度増加額、当年度減少額、年度末現在高、減価償却累計額、年度末償却未済高を一覧化して表示します。

⑥ 企業債明細書

企業債明細書も固定資産明細書と同様に貸借対照表に記載された企業債に関する内訳説明書です。企業債明細書は、企業債の種類ごとに、発行年月日、発行総額、償還高、未償還残高、発行価額、利率、償還終期を一覧化して表示します。

4．注記

　注記は財務諸表に対する補足情報としての位置付けで、財務諸表を作成するにあたり採用した重要な会計方針等を記載します。地方公営企業にはさまざまな事業があり、同一の事業であっても企業を取り巻く環境は異なります。また、同一の取引であっても複数の会計処理方法が認められているものもあるため、注記により財務諸表を見ているだけでは把握できない定性的・定量的な情報を知ることができます。

　会計に関する書類には、則第35条各号に規定する事項のうちそれぞれ関係するものを注記し、またはこれらの事項を注記した書類を添付しなければなりません。以下の**図表5-11**で則第35条に列挙された注記とその内容をまとめました。

図表5-11　注記事項とその内容

則第35条に列挙された注記	主な内容
重要な会計方針に係る事項に関する注記	資産の評価基準及び評価方法、固定資産の減価償却の方法等のほか、会計処理の基準または手続を変更した場合に注記を要します。
予定キャッシュ・フロー計算書等に関する注記	重要な非資金取引（資金の増加または減少を伴わない取引であって、かつ、翌事業年度以降のキャッシュ・フローに重要な影響を与えるもの）を注記します。例えば、現物出資の受入による資産の取得、ファイナンス・リース取引による資産の取得が該当します。
予定貸借対照表等に関する注記	担保に供されている資産、及び将来の企業債償還に対する一般会計の負担見込額等を注記します。
セグメント情報に関する注記	報告セグメントの概要、報告セグメントごとの営業収益、営業費用等を注記します。報告セグメントとは、各公営企業を構成する一定の単位をいい、事業で区分するなど

	実際にどのように区分するかは各公営企業の判断に委ねられています。単一のセグメントである場合、その旨をセグメント情報に関する注記に記載します。
減損損失に関する注記	減損の兆候が認められた固定資産または固定資産グループがある場合、減損損失を認識した固定資産または固定資産グループがある場合に注記を要します。
リース契約により使用する固定資産に関する注記	ファイナンス・リース取引について通常の売買取引に係る方法に準じて会計処理を行っていない場合、解約不能オペレーティング・リース取引がある場合に注記を要します。
重要な後発事象に関する注記	重要な後発事象（当該事業年度の末日の翌日以後において、翌事業年度以降の財産、損益またはキャッシュ・フローの状況に重要な影響を及ぼす事象）が発生した場合に注記を要します。例えば、4月以降に公営企業の主要な業務の改廃、火災や自然災害等による重大な損害が生じた場合が該当します。
その他の注記	その他の注記は、上記のほか、予定キャッシュ・フロー計算書等、予定貸借対照表等または予定損益計算書等により公営企業の財産、損益またはキャッシュ・フローの状況を正確に判断するために必要な事項に該当した場合に注記を要します。例えば退職給付引当金の取崩等が該当します。

第6章

ルールがわかればかんたん、簿記のしくみ

・簿記の基本的なルールを理解しましょう。

第1節　複式簿記と単式簿記

　一般会計になじんだ方が公営企業の業務を初めて担当する場合、最も苦労するのはなじみのない複式簿記を理解することではないでしょうか。ここでは、初めて公営企業会計を担当される方を対象に複式簿記の考え方について解説していきます。

１．帳簿に記録するということの意味を考える

（１）「簿記」とは

　複式簿記とは何かを考える前にまず、「簿記」という言葉を考えてみましょう。簿記という漢字は、帳「簿」に「記」録するという言葉の組み合わせから想像できるように、一般的に金額を記録する行為や方法を指します。つまり、簿記というのは、難しいものではなく、私たちの身近にあるものといえます。例えば、日常生活でお金を記録しているものといえば、お小遣い帳や家計簿が挙げられます。これらもお金を帳簿に記録するという意味では簿記と考えられますし、地方公共団体の一般会計で用いられているような「歳入」「歳出」を記録する行為も簿記の一種と考えられるでしょう。

（2）「複式簿記」とは

　では、公営企業会計が採用する複式簿記の「複式」とは何を意味するのでしょうか。複とは、「重複」や「複合」といったように何かが２つ以上あることを指す意味を持つ言葉であり、これがヒントになります。すなわち、複式簿記とはある取引があった場合に、それを２つの要素に分けて帳簿に記録するということに意義があります。

第２節　複式簿記の「ルール」を覚えよう

１．複式簿記を学習する際のポイント
（１）　複式簿記はお金の「言語」であり、「文法」がある

　以下の**図表6-1**の記録は、複式簿記により記録される取引の例です。初めて学ぶ方にとっては、文字や数値は読めるものの、これが何を意味するのかは不可解かもしれません。

図表6-1　複式簿記により記録される取引の例（仕訳の例）

1	車両	100	現金預金	100
2	現金預金	100	企業債	100
3	未収入金	100	使用料収入	100

　複式簿記はお金の言葉といわれており、簿記を覚えることができれば、言葉と同じように書き起こして記録をつけることができ、記録内容から意味を読み取れる、いわゆる、読み書きができるようになります。一方で、読み書きができるようになるためには、英語の単語や文法を覚えるようにルールを覚えないといけません。

（2）　ルールは割り切って覚えた方が良い

　複式簿記にはいくつかのルールが存在しますが、結論からいうと割り切って覚えるのが一番良いと思います。

この理由を英語に置き換えて考えてみましょう。例えば「I like you.」と書かれた英語は多くの人が「私はあなたが好きです。」と訳すことができます。では、「Like I you.」や「You I like.」は、どうでしょうか。この文字の並びではどちらがどちらを好きなのかがわかりません。では、なぜこの並びがダメなのかといえば、「そのように文法で決まっているから」ではないでしょうか。最初に主語が、次に動詞が、そのあとに目的語、という英語の文法通りに記述するからこそ、意味が伝わるようになります。

　同じように、複式簿記には、初学者が割り切って覚えないといけないルールがあります。

（3）　複式簿記は実はシンプル

　複式簿記で覚えなければいけないルールは、実はシンプルです。詳しくは後述しますが、大きく３つの原則を守れば、誰でも複式簿記で記録することができます。

　複式簿記で記録する内容は「○○が増えて、○○が減った」といったような「何かの増減」です。そのため、一度ルールを覚えてしまえば、後はそのバリエーションを身につけるだけになります。

２．まずは複式簿記の基本用語を覚えよう

　複式簿記の記録では、いくつかの特有の用語があります（**図表6-2**）。この用語を使わないでルールを説明しようとすると、かえって

図表6-2　基本用語

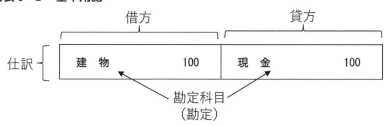

複雑になるため、最初に解説します。なお、この用語やルールは、民間企業会計、公営企業会計といった会計の種類を問わずとても基本的な用語です。

（1）　仕訳

　仕訳とは、一般的に複式簿記の形式で取引を記録すること、またはその記録1件1件を指す用語です。複式簿記により1つの取引を2つに分けて記録することを意味します。そして、仕訳を記録する行為を「仕訳を切る」といいます。

（2）　借方・貸方

　借方・貸方とは、仕訳の「場所」を示すもので、左側を借方（かりかた）、右側を貸方（かしかた）と呼びます。両方を指す場合、貸借（たいしゃく）と呼びます。借方だから借金している、貸方だから貸し付けているといった意味があると感じるかもしれませんが、実際は便宜上そのように名付けているだけで借方と貸方という言葉自体に厳密な意味があるわけではありません。

（3）　勘定と勘定科目

　「勘定」とは、取引を記録する単位を指し、勘定科目とは、その勘定における内容を示す具体的な名称です。例えば、現金で土地を購入する取引を記録する場合は、「土地」や「現金」が勘定（勘定科目）です。公営企業会計では、款項目といった予算体系に合わせて、大分類 − 中分類 − 小分類といったように階層に分かれた勘定科目を設定することが一般的です。

3．基本は3つだけ！　複式簿記のルール

　それでは、具体的な複式簿記のルールを解説します。覚えるのは、3つだけです。

（1） 仕訳は勘定科目と金額などを記録し、必ず貸借同額とする

　１つの仕訳を作成する際には、必ず借方と貸方それぞれに勘定科目と金額を記載します。また、この際に借方の金額と貸方の金額は、必ず同額になるように記入します。この同額にするというのがポイントです。なお、実際に仕訳を切る際には、摘要などのより細かい情報を入力することが多いですが、ここでは最低限仕訳が成立するために必要な情報として勘定科目と金額を取り上げています。

　間違った仕訳例を２つ紹介します。以下の**図表6-3**の間違った仕訳例では、借方のみに勘定科目と金額を記入し、貸方に記入していません。このように貸借のいずれかに勘定科目または金額が入っていないものは複式簿記として成立しません。

　続いて、**図表6-4**の間違った仕訳例では、貸借それぞれに勘定科目と金額を記入していますが、借方の金額と貸方の金額が一致していませ

図表6-3　間違った仕訳例と正しい仕訳例①

間違った仕訳例①
金額や勘定科目を貸借に
それぞれに記入しない

借方		貸方	
建　物	100	－	

借方		貸方	
建　物	100	現　金	100

図表6-4　間違った仕訳例と正しい仕訳例②

間違った仕訳例②
貸借の金額が異なる

借方		貸方	
建　物	100	現　金	500

借方		貸方	
土　地	400	現　金	500
建　物	100		

ん。このように貸借の金額が一致していない仕訳も正しくありません。なお、正しい仕訳例のように1つの仕訳内に複数の勘定科目を記入することは、金額の合計が貸借一致していれば問題ありません。

（2）　勘定科目は5つの要素に分類される

　勘定科目は、必ず「資産」「負債」「資本」「収益」「費用」5つの要素のどれかに分類されます。

　さまざまな経済活動のうち、5つの要素が増減したタイミングで複式簿記として記録します。この5つの要素のことを「取引の5要素」（または「勘定の5分類」）と呼びます。

　各要素の内容及び各要素に属する勘定科目の具体例は、次の通りです。それぞれの要素の詳しい説明は第6章以降で解説しますが、勘定科目は膨大にあり一度に覚えるのは難しいので、イメージしやすい身近なものから徐々に覚えると良いでしょう。

図表6-5　勘定の5分類とその内容

5要素	内容	勘定科目例
資産	公営企業が所有するもので、経営に役立つ財貨や権利。プラスの財産。	現金、建物、備品、未収金など
負債	公営企業が、将来他人に一定の資産を提供もしくは返済しなければならない義務。マイナスの財産。	借入金、未払金など
資本	資産から負債を差し引いた残高、すなわち正味財産。民間企業会計では純資産と呼ぶ。	資本金、資本剰余金、利益剰余金など
収益	財産が増加する原因となるもので、経営活動によって獲得した成果。	使用料収入、料金収入、受取利息など
費用	経営活動によって財産が減少する原因を言い、収益を獲得するために費やされた努力または犠牲。	給料、保険料、支払利息、支払手数料など

図表 6-6　借方・貸方の増減表

5要素	借方	貸方
資産	増加	減少
負債	減少	増加
資本	減少	増加
収益	減少 （※）	増加
費用	増加	減少 （※）

※　収益の減少と費用の減少が発生するのは、過去の収益・費用の修正など限定的です。

（3）　貸借どちらが増減を意味するかが要素によって異なる

　仕訳は、基本的にどの要素が増加したのか、あるいは減少したのかという情報を記入します。この際に、借方に記入すれば増加を意味するのか、それとも減少を意味するのかは要素によって異なります。

　具体的には、**図表6-6**の通りです。資産及び費用は、増加は借方、減少は貸方に記入します。負債、資本及び収益は増加を貸方、減少を借方に記入します。

　この3つ目のルールは、初学者にとって非常に難解に感じるものです。繰り返しになりますが、ルールはルールですので、自然とイメージできるまでは、仕訳の都度この**図表6-6**の表を見ながら仕訳の切り方を練習すると良いでしょう。なお、書籍によっては、収益と費用の増加を「発生」、減少を「消滅」と表すものがありますが、表記の違いですので、ここでは、「増加」と「減少」に統一しています。

4．実際に仕訳を切ってみよう

　これまでは、複式簿記のルールを説明しましたが、実際に仕訳を切ってみましょう。ルールを理解しつつ、ステップを踏んで検討していくことが大切です。仕訳を切るときの考え方は以下の通りです。

（1）　仕訳を切る3ステップ

> ・STEP 1　取引を分解し、どのような勘定科目が登場し、また、増減しているのかを整理する。
> ・STEP 2　勘定ごとの増減記入ルール（増加したら借方に書くのか貸方に書くのか）を確認する。
> ・STEP 3　借方と貸方に勘定科目、金額など必要な情報を記入する。

　いきなり貸借どちらなのかを考えると混乱してしまいますので、まずは、取引をイメージしてどのような勘定科目が登場するのかを考えましょう。丁寧に順序を追って考えていけば、貸借どちらに記入するのかという間違いはなくなります。3つの例題を用意しましたので、各ステップを確認しましょう。

（2）　例題1：資産を現金で購入した際の仕訳

> 例題①　車両1台を現金100万円で購入した。
> STEP 1　車両（資産）100万円の増加と現金（資産）100万円の減少
> STEP 2　資産の増加は借方に、資産の減少は貸方に記入する。
> STEP 3　仕訳に勘定科目と金額を記入する。
>
> 　（借方）　車両　100万円　　（貸方）　現金　100万円
>
> 　ここでは、単純にお金を払い車両を購入した仕訳を考えてみましょう。現金も車両も同じ資産ですので、資産が増加した場合は借方に、減少した場合は貸方に記入するのがルールです。前述の**図表6-6**を確認してください。また、仕訳を作成した後、貸借が一致しているかを確かめましょう。

（3）　例題２：資産を現金で売却した際の仕訳

例題②　車両１台（帳簿価額は100万円）を120万円で売却し現金を受け取った。

STEP１　現金（資産）120万円の増加と、車両（資産）100万円の減少と、資産売却益（収益）20万円の増加

STEP２　資産の増加は借方に、資産の減少は貸方に、収益の増加は貸方に記入する。

STEP３　仕訳に勘定科目と金額を記入する。

　（借方）　現金　120万円　　（貸方）　車両　100万円
　　　　　　　　　　　　　　　　　　　　資産売却益　20万円

　この例題にあるように、元々帳簿に記載していた金額と異なる金額で現金を受領した場合、車両と現金の交換だけを識別して仕訳を作成すると金額に差があるため、貸借が一致しません。よくある間違いは、貸借が一致するように車両を120万円と記入してしまうことですが、車両の金額は100万円なので誤りです。

　このような場合、もらった現金と手放した車両の金額の差は、取引により生じた「もうけ」であり、これは取引の５要素の「収益」に該当しますので、収益が増加したと考えます。あとは機械的にSTEP２→STEP３と当てはめれば貸借が一致した仕訳が作成できます。

（4） 例題3：資産を除却した際の仕訳

例題③　老朽化により保有している建物を取り壊した。（帳簿価額は、1,000万円）

　※簡略化のために撤去費用はゼロと仮定します

STEP 1　建物（資産）1,000万円の減少と除却損（費用）1,000万円

STEP 2　資産の減少は貸方に、費用の増加は借方に記入する。

STEP 3　仕訳に勘定科目と金額を記入する。

　（借方）　除却損　1,000万円　　（貸方）　建物　1,000万円

　この例題では、お金の増減は、発生していません。しかし、建物がなくなるということは、過去にお金を投じて取得した資産の価値を失うことであり、企業にとって損失が発生しています。このことから、建物の減少と費用の増加がそれぞれ発生したと考えて、仕訳を作成します。

5．仕訳の取りまとめ

　複式簿記は、これまで説明した考え方で仕訳を切ることにより、日々の取引を記録することができます。しかし、仕訳は膨大であるためそのままでは意味をなさず、決算にあたって取りまとめる必要があります。仕訳を取りまとめることにより、貸借対照表や損益計算書などの決算書を作成することが可能となります。

（1）　仕訳を勘定科目ごとに整理する

　日々の仕訳は、さまざまな勘定科目が混在していますので、これを「総勘定元帳」と呼ばれる勘定科目ごとの集計表に転記していきます。

　図表6−7は、その際のイメージを記入したものです。「土地が10,000

図表6-7　転記のイメージ

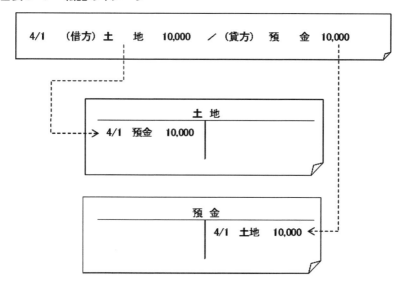

増加し、預金が10,000減少した。」という仕訳の情報を「土地が10,000増加した。」「預金が10,000減少した。」というように分解して、それぞれを総勘定元帳に転記していきます。この際、日付、金額と共に相手科目を転記することが一般的です。

　これを全ての仕訳について実施することで、勘定全体として1年間でどれだけ増減したかが把握できるようになります。

（2）　一覧表にして、試算表とする

　総勘定元帳で勘定科目ごとに1年間の増減の情報を集計した後、勘定科目ごとの合計額を一覧表にまとめていきます。この一覧表を試算表と呼びます。これが財務諸表の原型となります。そして、この試算表のうち、「資産」・「負債」・「資本」に属する勘定科目を「貸借対照表」、「収益」・「費用」に属する勘定科目を「損益計算書」としてまとめます。

（3） 貸借対照表と損益計算書

　貸借対照表は、財政状態を表す書類で、ある時点での資産・負債・資本の在り高を表すものです。これによって、ある時点での財産などの保有状況がわかります。

　他方で損益計算書は、経営状況を表す書類で、一定期間（通常は年度）の収益・費用の発生額を示すものです。

　これまで同じように「○○が増えた」「○○が減った」という情報を集計したにもかかわらず、貸借対照表が「ある時点」の残高を表し、損益計算書が「一定期間」の発生額を表します。一般的に、前者を「ストック情報」と呼び、後者を「フロー情報」と呼びます。同じような仕訳からこのような２種類の情報が作成されるのはどうしてでしょうか。

　あえて説明を省略していましたが、資産・負債・資本に属する勘定科目は、総勘定科目に「前年度末の残高情報」を記入します。これにより、「前期末の残高＋１年間の増減＝当期末の残高」となります。例えば、前期の土地の金額が10,000であったとして、当期に仕訳を集計した結果、土地が5,000増加していたのであれば、当期末の残高は、15,000になります。

貸借対照表　勘定科目毎の前期の残高に当期の増減を加算したものを集計して作成　→　ある時点の残高を表示　→　財政状態を表す

損益計算書　勘定科目毎の当期の増減を集計して作成　→　一定期間の損益の発生状況を表示　→　経営成績を表す

　貸借対照表と損益計算書は第５章でより詳しく解説していますので、そちらもご参照ください。

第7章 | 損益ってなんだろう

本章のテーマ

- 損益とは何かを理解しましょう。
- 収益・費用の発生した日、年度所属区分について理解しましょう。
- 収益と費用の種類を把握しましょう。

第1節　損益とは「もうけ」のもととなる収益と費用の増減

1．収益及び費用とは何か

　企業の利益（もうけ）は、収益から費用を差し引くことによって計算されます。このとき、収益の方が多ければ利益（もうけ）となりますし、費用の方が多ければ損失となります。収益は、「もうけ」のもとになる取引のことであり、具体的には、売上代金や受取利息等の取引が該当します。一方、費用は、「もうけ」を得るために必要となる取引のことであり、具体的には、職員の給料や光熱水費、支払利息等の取引が該当します。

　このような収益と費用に関する取引のことを、資本取引に対して損益取引といいます。企業の取引は、損益取引と資本取引のどちらかに分類されますが、あくまで「もうけ」を計算するもとになるのは損益取引となります。1つ具体例を挙げると、企業債の発行は資本取引に該当しますので、損益取引ではありません。したがって、いくら多額の企業債を発行して資金を調達しても、損益取引である収益ではないのでもうけは

増えません。結局、もうけを増やそうと思ったら、損益取引のうちの収益を増やすか、費用を減らすしかないのです。

　以上をまとめると、損益とは、「もうけ」のもととなる収益と費用の増減によって表されるものであるといえます。

２．損益の計算方法（損益法と財産法）

　損益の計算方法には、損益法と財産法の２種類があります。公営企業では損益法が採用されており、決算において損益法の考え方に基づき損益計算書を作成します。

　損益法とは、期間内に発生した収益と費用を集計し、その差引計算によってその期間の損益を計算する方法です。

　なお、財産法とは、期間終了時点における企業の正味財産高（資本）をその開始時点における正味財産高と比較して、その増加または減少をもってその期間の損益とする方法です。

第２節　収益、費用の発生した日とは

１．発生主義の具体例

　公営企業会計が採用する発生主義とは、第３章で示した通り経済活動の発生という事実に基づいて会計記録を行う方法です。裏を返せば、官庁会計のように現金・預金の収入・支出のみに着目して会計記録を行うのではありません。では、発生主義に基づく場合、収益と費用の発生した日とはいつになるのでしょうか。いくつか具体例を見てみましょう。

（１）　料金を調定・収納した場合

　図表７−１のように料金が調定・収納される場合を見てみましょう。

　発生主義においては調定した時点で、料金を徴収できる権利、すなわち未収金（資産）が発生すると同時に、将来的に現金という財産が増加する原因（収益）が発生していると考えます。その後、収納された時点

図表7-1　発生主義の適用例（料金の調定・収納）

では現金（資産）の増加と調定時に計上した未収金（資産）の消滅を認識します。

　このように、発生主義においては現金を収納した時点ではなく、調定した時点が「収益の発生した日」となります。

（2）　消耗品を購入した場合

　次に、**図表7-2**のように消耗品の発注から支払までの一連の取引があった場合を考えてみましょう。

　発生主義においては、物品の納品・検収が行われた時点で、販売業者によるサービス提供が完了し、その対価として現金を支払わないといけない義務（負債）と、将来的に現金という財産が減少する原因（費用）

図表7-2　発生主義の適用例（消耗品の購入）

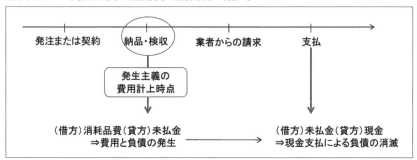

が発生していると考えます。その後、支払った時点では現金（資産）の消滅と納品・検収時に計上した未払金（負債）の消滅を認識します。

このように、発生主義においては現金を支出した時点ではなく、物品の納品・検収が行われた時点が「費用の発生した日」となります。

以上のように、現金の出入りにかかわらず、料金の調定や物品の納品・検収などの経済活動が起きた日が収益、費用の発生した日となります。以上の具体例のほかにも、発生主義特有の収益、費用があります。具体的な内容は次節で説明します。

第3節　減価償却費と長期前受金戻入

1．発生主義における期間損益計算とは

一会計期間における現金の増減を計算する官庁会計に対して、公営企業会計では、一会計期間の経営成績として、どれだけ利益または損失が発生したかを計算するために、収益及び費用を整理集計します。これを期間損益計算といいます。要するに、一会計期間で発生した収益から費用を控除してどれだけ利益が出たか、あるいは損失が出たかを計算することです。

独立採算制の公営企業においては、運営にかかる費用が受益者（水道事業であれば水道を利用する住民）によって適正に負担されているかを明らかにすることを目的として、期間損益計算を行っています。

2．適切な期間損益計算を行うための原則～費用収益対応の原則～

適切な期間損益計算を行うためには、一会計期間で計上される費用と収益が対応している必要があるとされています。すなわち、費用には「収益を獲得するために貢献」した費用が計上されるべきであるという考え方であり、これを費用収益対応の原則といいます。

費用収益対応の原則により計上される代表的な費用として減価償却費

が挙げられます。具体例を用いながら以下で説明していきます。

（1） 費用収益対応の原則により計上される減価償却費

　例えば、浄水場を新しく建設した場合を考えてみましょう。その建設のための支出額は、浄水場の利用開始から将来にわたり料金収入という「収益を獲得するために貢献」していると考えられます。したがって、この支出額全額を建設時の費用とするのではなく、将来の浄水場を使うことができる期間（収益の獲得に貢献できる期間）にわたって分割して費用を計上し、費用と収益を対応させようという発想が生まれます。そのため、支出時に費用とせず、翌年度以降の収益獲得に貢献すると認められる残余部分を資産として繰延べます。これが、費用収益対応の原則と呼ばれる考え方であり、その際に分割計上される費用を減価償却費と呼びます。

　減価償却費は資金の流出を伴わない費用であるため、たとえ期間損益がゼロだったとしても、企業には一会計期間で減価償却費分の資金が溜まります。そのため、将来の使える期間にわたって費用（減価償却費）と収益を対応させようという発想は、将来の使える期間にわたって資産の購入にかかった資金を回収しようという発想、と言い換えることもで

図表7-3　減価償却費計上のイメージ

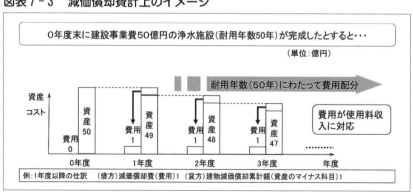

きます。

　減価償却費のイメージは**図表7-3**のように示すことができます。図表中の耐用年数とは資産を使用できる期間のことであり、資産の取得に要した金額が耐用年数にわたって費用配分されます。

　以上のように減価償却費の計上は一会計期間の費用と収益を対応させるために行われる発生主義特有の会計処理です。

（2）　費用収益対応の原則により計上される長期前受金戻入（収益）

　減価償却費は費用ですが、収益にも減価償却費に似たものがあり、長期前受金戻入といいます。

　例えば、償却資産の取得にあたり、補助金が交付されていた場合を考えてみましょう。当該補助金を交付時に全額収益計上してしまうと、交付時のみに収益が計上され、その後の年度は減価償却費のみが計上されることになるため、**図表7-4**のように年度ごとに収益と費用が対応しないことになってしまいます。

　そこで、償却資産の取得にあたって補助金が交付される場合には、当

図表7-4　補助金を交付時に全額収益計上してしまった場合

固定資産を0年度末に100で取得した。 購入資金のうち半分は自己資金、残り半分は0年度に収入した補助金を財源とした。 取得した固定資産は耐用年数5年、残存価額0円、定額法で償却する。

	0年度	1年度	2年度	3年度	4年度	5年度
収益額	50					
減価償却額		20	20	20	20	20
		年度ごとに費用と収益が対応しなくなってしまう				
損益	+50	△20	△20	△20	△20	△20

該補助金の交付額を全額交付時の収益とするのではなく、一旦、長期前受金（繰延収益）という負債として計上します。そして固定資産の費用化（減価償却）に応じて長期前受金（負債）を取り崩し、長期前受金戻入（収益）を計上することにより、費用と収益が対応します。これにより、翌年度以降の費用の発生に対応すると認められる残余部分を負債（長期前受金）として繰延べます。以上の補助金の収益化イメージと仕訳は**図表7-5**の通りです。

図表7-5　補助金の収益化イメージ

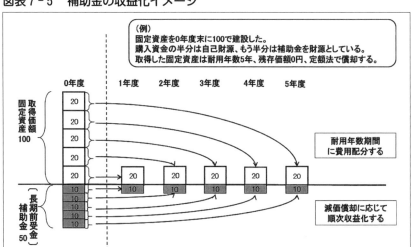

第4節 収益、費用の種類

1. 収益の種類
収益は営業収益、営業外収益及び特別利益に分類されます。

（1） 営業収益
営業収益とは主たる事業活動から生じる収益であり、各事業では主に**図表7-6**のような項目が営業収益（病院事業においては医業収益）として計上されています。

水道事業であれば水を供給することによる収益、病院であれば、入院、外来に係る収益など、それぞれ主たる事業活動から生じる項目が営業収益として計上されます。

（2） 営業外収益
営業外収益とは主たる営業活動以外から生じる収益であり、主に以下のような項目が営業外収益として計上されます。
- 預貯金・貸付金等から生じる受取利息
- 保有する有価証券から生じる受取配当金
- 損失補てん的な補助金
- 長期前受金戻入（前節参照）

（3） 特別利益
経常的に発生する営業収益、営業外収益に対し、臨時的に発生する収益を特別利益といい、主に次のような項目が該当します。なお、次の項目であっても金額の僅少なもの、または毎期経常的に発生するものは営業収益ないし営業外収益に含めることができます。
- 固定資産売却益
- 過年度損益修正益

図表 7 - 6　事業ごとの主な営業収益の項目

事業	項目
水道事業、工業用水道事業	給水収益、受託工事収益
下水道事業	下水道使用料
鉄軌道事業	運輸収益
自動車運送事業	運送収益
電気事業	電気料
ガス事業	製品売上（ガス売上、タール売上等）
病院事業	入院収益、外来収益

① 固定資産売却益

　固定資産売却益とは固定資産の売却による利益です。例えば、帳簿価額100万円の車両（取得価額150万円、減価償却累計額50万円）が120万円で売却できた場合、20万円の利益が固定資産売却益として計上されます。固定資産売却益の20万円分だけ財産が増加したと考えられますので、固定資産売却益は財産が増加する原因として収益の定義に合致していることがわかります。仕訳は次のようになります。

（固定資産売却時の仕訳例：売却益が発生する場合）

（借方）	現金	120万円	（貸方）	車両	150万円
（借方）	減価償却累計額	50万円	（貸方）	固定資産売却益	20万円

② 過年度損益修正益

　過年度損益修正益は、過年度の損益計算を修正した結果、収益が生じる場合に使用される勘定科目です。過去の損益計算を遡って修正することが困難であることから、臨時的に発生する特別利益として計上されます。

　例えば、過年度における減価償却費が100万円過大に計上されていたことが判明した場合であれば、過年度損益修正益が100万円計上されま

す。償却費を修正することにより帳簿上の固定資産が過年度損益修正益の100万円分増加することから、財産が増加する原因として収益の定義を満たしていることがわかります。仕訳は次のようになります。

（過年度損益修正時の仕訳例：修正益が発生する場合）

(借方)	減価償却累計額	100万円	(貸方)	過年度損益修正益	100万円

２．費用の種類

　費用は収益と同様に、営業費用、営業外費用、特別損失に分類されます。

（１）　営業費用

　営業費用とは主たる事業活動から生じる費用であり、各事業では主に**図表7-7**のような項目が営業費用（病院事業においては医業費用）として計上されています。

　水道事業であれば水を供給するための費用、下水道事業であれば汚水処理にかかる費用など、それぞれ主たる事業活動から生じる項目が営業費用として計上されます。

　これらの営業費用の項目はさらにその消費される内容によって分類することができます。例えば、水道事業の浄水費であれば、浄水するために要した職員の人件費や光熱水費、委託料等の項目にさらに分類することができます。

（２）　営業外費用

　営業外費用とは主たる事業活動以外から生じる費用であり、主に以下のような項目が営業外費用として計上されます。

- 企業債の支払利息
- 企業債の取扱諸費
- その他雑支出

図表 7 - 7　事業ごとの主な営業費用の項目

事業	項目
水道事業、工業用水道事業	原水費、浄水費、配水費、給水費、受託工事費、業務費、総係費、減価償却費、資産減耗費等
下水道事業	管渠費、ポンプ場費、処理場費、業務費、総係費、減価償却費、資産減耗費等
鉄軌道事業	線路保存費、電路保存費、車両保存費、運転費、運輸管理費、旅客誘致費、厚生福利施設費、一般管理費、減価償却費等
自動車運送事業	運転費、車両修繕費、その他修繕費、減価償却費、施設損害保険料、施設使用料、運輸管理費、一般管理費等
電気事業	水力発電費、送電費、一般管理費等
ガス事業	製造費、採取費、売上原価、供給販売及び一般管理費等
病院事業	給与費、材料費、経費、減価償却費、資産減耗費、研究研修費等

（3）　特別損失

　経常的に発生する営業費用、営業外費用に対し、臨時に発生する費用を特別損失といい、主に次のような項目が該当します。なお、次の項目であっても金額の僅少なもの、または毎期経常的に発生するものは営業費用ないし営業外費用に含めることができます。

- 固定資産売却損
- 減損損失
- 過年度損益修正損
- その他災害による損失など

①　固定資産売却損

　固定資産売却損とは固定資産を売却したときの損失です。例えば、帳

簿価額100万円の車両（取得価額150万円、減価償却累計額50万円）が80万円でしか売れなかった場合、20万円の損失が固定資産売却損として計上されます。固定資産売却損の20万円分だけ財産が減少したと考えられますので、固定資産売却損は財産が減少する原因として費用の定義に合致していることがわかります。仕訳は次のようになります。

（固定資産売却時の仕訳例：売却損が発生する場合）

（借方）	現金	80万円	（貸方）	車両	150万円
（借方）	減価償却累計額	50万円			
（借方）	固定資産売却損	20万円			

② 減損損失

　減損損失とは固定資産の価値の低下により、固定資産の取得に要した資金の回収が見込めなくなった場合に計上される特別損失です。減損損失の計上は①減損の兆候の調査、②減損の認識の要否の判定、③減損の測定という３つのステップを踏みます。仕訳は次のようになり、減損の対象となった資産の帳簿価額から、回収できると見込まれる金額（回収可能価額）を差し引いた額を減損損失として計上します。

（例）保有している5,000万円の土地について時価の下落から減損の兆候が認められ、減損の認識の要否の判定を行った結果、減損損失を認識する必要が生じた。土地から回収できる金額を算定したところ2,000万円だった。					
（借方）	減損損失	3,000万円	（貸方）	土地	3,000万円

　減損損失の金額分、土地という財産が減少しており、減損損失は財産が減少する原因として費用の定義に合致していることがわかります。

③ 過年度損益修正損

　過年度損益修正損は、過年度の損益計算を修正した結果、損失が生じる場合に使用される勘定科目です。過年度における過誤による使用料の過大調定、減価償却費の過少計上などにより発生し、経理は特別利益の過年度損益修正益と同様の方法で行います。

第8章 | 資産ってなんだろう

本章のテーマ

- 資産の概要を理解しましょう。
- 資産の分類を把握しましょう。
- 資産にはどのようなものがあるか把握しましょう。

第1節　資産の分類

1．資産とは

　資産という言葉は、日常の生活の中でも聞いたことがあるかと思います。公営企業が持っている施設・設備や現金のほか将来現金に換わる権利、将来の費用などが資産として計上されます。

2．資産の分類

　資産の種類は数多く存在するため、則別表第1号において科目が例示されており、大きく固定資産、流動資産、繰延資産という3つに大別されます（**図表8-1**参照）。

3．資産の分類方法

　ここでは、固定資産と流動資産の分類の方法について説明します。なお、繰延資産は、第4節で詳細を説明しています。

　固定資産と流動資産の分類は以下の2つの基準によって行います。

（1）　営業循環基準

（2）　1年基準（ワンイヤールールとも呼びます）

図表 8-1　資産の分類

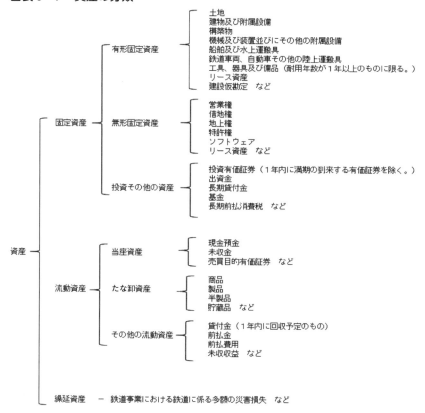

一般的な分類の流れとしては、（1）営業循環基準で判断し、そこで流動資産に該当しなかったものは、（2）1年基準によって、流動資産または固定資産に分類します。

（1）　営業循環基準

　営業循環基準は、公営企業の通常の営業活動において発生した資産かどうかによって分類する基準で、通常の営業活動において発生した資産は流動資産に分類する基準です。例えば、通常の営業活動において発生

する未収金などは換金されるまでの期間が１年を超えるものであっても流動資産に分類します。ここで流動資産と判断されなかったものは１年基準により判断します。

（２）　１年基準

　１年基準は、その資産の現金化やモノの使用年数が1年以内か否かによって分類する基準です。例えば、他会計への長期貸付けなどは、通常の営業活動において発生するものではないため、１年基準により判断することとなりますが、年度末から１年を超えて期日を迎える貸付金は、固定資産に分類します。

図表 8 - 2　固定資産と流動資産の分類方法

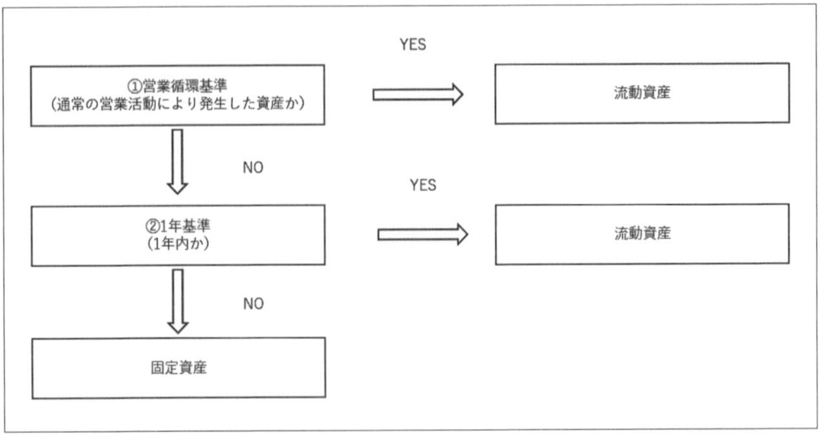

　以上が会計上の固定資産と流動資産の分類方法ですが（**図表 8 - 2 参照**）、具体的な例があった方がわかりやすいと思いますので、次節以降は固定資産と流動資産のそれぞれについて、具体例を踏まえて解説していきます。

第2節　具体的なモノと法律上の権利〜固定資産〜

　固定資産には、長期にわたり使用される資産や、長期間経った後に現金に交換できる権利などがあります。固定資産は、有形固定資産、無形固定資産、投資その他の資産に分類されます。以下でそれぞれについて見ていきましょう。なお、この節は地方公営企業制度研究会「公営企業の経理の手引（元）」を参考にしています。

1．有形固定資産

　有形固定資産は、固定資産のうち、事業のために使用することを目的として保有される物質的実体をもつ資産をいいます。その名の通り、有形のモノのことです。具体的には、土地や建物、構築物などがあります。

　また有形固定資産は、土地のように時間が経過しても経済的・物理的価値が変わらないものと、建物や構築物、備品など時間の経過につれ経済的・物理的に価値が減少していくものがあります。前者を非償却資産、後者を償却資産と呼びます。

　償却資産は時間の経過や使用とともに古くなり経済的・物理的価値が減っていくため、減価償却という方法で規則的に資産の価値を減少させます。なお、減価償却については第7章第3節で解説した通りです。

（1）　土地

　土地には、事務所用地のように庁舎や営業所等事務所に用いる土地や、施設用地のように浄水場用地等の施設のために用いる土地などがあります。

（2）　建物及び附属設備

　建物には、事務所建物のように庁舎や営業所等事務所の建物や、施設

用建物のように浄水場や処理場などの建物が該当します。また、建物と一体となる暖房、照明、通風等の附属設備も含まれます。

（3）　構築物

　構築物には、水道事業や下水道事業でいう管路（管渠）や、その他外壁などの土地に定着する土木施設または工作物などが該当します。

（4）　機械及び装置並びにその他の附属設備

　機械及び装置には、機械、装置（コンベヤ、起重機等の運搬設備やその付属設備）のほか、電動機や変圧器などの電気設備やポンプ設備、量水器などが含まれます。

（5）　船舶及び水上運搬具

　船舶及び水上運搬具には、給水船舶等の船舶のほか、水上運搬具が該当します。

（6）　鉄道車両、自動車その他の陸上運搬具

　鉄道車両のほか、地方公共団体の公用車などの自動車、その他陸上運搬具等が該当します。

（7）　工具、器具及び備品

　工具、器具及び備品には、機械及び装置の附属設備には含まれない器具及び電話設備、金庫、タイプライター、計算機、机、椅子などの備品であって、耐用年数が1年以上で、相当価格以上のものが該当します。医療機器もこちらに含まれます。

（8）　リース資産

　リース会社等から有形固定資産をリースした際に、法的な形式は「賃貸」であったとしても、一定の要件を満たす取引は会計上、経済的な実

態を「購入」と考えます。

そのため、一定の要件を満たし、実質的に購入と判断される取引は、他の自己所有の資産と同様にリース資産として資産に計上します。

（9）　建設仮勘定

建設仮勘定は、まだ完成しておらず建設中の建物や構築物などの工事において、工事を委託している建設業者に支払う工事費や前払金などが該当します。

2．無形固定資産

無形固定資産とは、物質的実体としては存在しないが、法律上の権利、事実上の価値が認められる無形の資産をいいます。有形固定資産とは異なり、姿形は見えないものの、価値がある権利なども資産として計上します。身近な例でいうと、ソフトウェアや、特許権などがあります。

なお、法律上の権利や事実上の価値の全てを計上するわけではなく、無形固定資産として計上するのは原則として有償で取得されたものに限定されることに留意が必要です。

（1）　水利権

河川法第23条に規定する権利をいい、その取得のために支払った金額等を計上します。

（2）　借地権

土地を借りる権利をいい、その取得のために支払った金額を計上します。

（3）　地上権

他人が所有している土地の上に建物を建設する場合などに、他人が所

有している土地を使用する権利のことをいい、その取得のために支払った金額を計上します。

（4） 特許権

　発明等に対する権利のことをいい、その取得のために支払った金額を計上します。

（5） ソフトウェア

　システムのプログラム等のことをいい、制作の目的に応じて、販売目的のソフトウェアと自社利用のソフトウェアに分類されます。公営企業においては、ソフトウェアを販売するケースは少ないと考えられるので、自社利用のソフトウェアが計上されることが多いと考えられます。自社利用ソフトウェアには、地方公共団体内の業務効率化のためのソフトウェア等が該当し、ソフトウェアの開発や購入に支払った金額を計上します。

（6） リース資産

　有形固定資産のリース資産と同様に、ソフトウェアなどの無形固定資産を賃借する場合に、実質的に購入したと同様と考えられるリース取引について、リース資産として計上します。

３．投資その他の資産

　投資その他の資産には、公営企業が所有している公社債や出資金、1年を超える長期貸付金などがあります。そのほか、流動資産に該当せず、有形固定資産もしくは無形固定資産、繰延資産のいずれにも属しない資産がここに分類されます。

（1） 投資有価証券

　金融商品取引法第2条に該当する、国債証券や地方債証券、社債券な

どが該当します。なお、1年以内に満期が到来する有価証券については、流動資産に有価証券の科目で計上するため、投資有価証券には含まれません。

（2）　出資金

組合や商工会議所などへ資金を提供（出資）した場合に、支払った金額を計上します。

（3）　長期貸付金

貸付金で返済期日が貸借対照表日の翌日から起算して1年以上のものをいいます。貸付金には、一般貸付金のほか、他会計への長期貸付金である他会計貸付金、看護学生に対する奨学金貸付金等の職員貸付金などがあります。

（4）　基金

地方自治法第241条の規定に基づく基金設置条例により、積立金等に対応して特定預金等資金の状態において保有する資産をいいます。

（5）　長期前払消費税

課税売上げ、非課税売上げに共通する課税仕入れがある場合で、期中において税抜き処理を行っているときにおいて、実際の納税計算にあたって、控除できなかった消費税法第4条の課税仕入れに係る仮払消費税（控除対象外消費税額）をいいます。

計上した事業年度の翌事業年度以降20事業年度以内において毎事業年度均等に償却することとされています。（則第20条第2項）

第3節　流動資産とは

　流動資産は、営業循環基準と１年基準によって分類された営業活動によって発生する資産と、１年内にお金に換わる資産等が分類されると第１節で説明しました。

　では、それぞれの基準によって分類される資産にはどのようなものがあるのか見ていきます。

　営業循環基準によって分類される流動資産には、たとえば、料金（使用料）の未回収分である未収金、病院事業の薬品など比較的短期に使用する資産である貯蔵品などがあります。これらは、公営企業の通常の営業活動を行う中で比較的短期間で増えたり減ったりする資産です。

　また、１年基準によって分類される流動資産には、長期貸付金のうち１年内に回収予定の貸付金などがあります。これは１年以内に現金化される資産です。

　流動資産は大きく分けると当座資産、たな卸資産、その他の流動資産

図表 8-3　流動資産の分類

	性質	勘定科目	具体例
当座資産	現金のほか、相対的に換金が容易で現金化しやすい資産	現金預金、未収金、売買目的有価証券など	料金（使用料）の未回収分である未収金など
たな卸資産	営業活動によってその資産が販売や使用される在庫	商品、製品、半製品、貯蔵品など	病院事業の薬品など
その他の流動資産	上記以外の資産	１年以内に回収予定の貸付金、前払金、前払費用、未収収益など	１年以内に回収予定の貸付金など

に分けることができ、それぞれの性質や具体例は**図表8-3**の通りです。

1. 当座資産
（1）　現金預金
　現金には、通貨のほか、現金と同一視できる、小切手、郵便為替証書、振替預金払出証書等の証書、期限の到来した公社債利札（源泉徴収に係る税額を控除して計上する）等も含まれます。

　預金には、金融機関に対する預金のほか、貯金及び掛金、郵便貯金、郵便振替貯金並びに金銭信託などが含まれます。なお貸借対照表日から起算して1年を超えるものは、固定資産の投資その他の資産に区分されるため、流動資産の現金預金の科目には含まれません。

（2）　未収金
　未収金は、公営企業がその業務活動を通じて、外部に対してサービスを提供したこと等によって生じた金銭債権のことをいいます。未収金は、営業未収金、営業外未収金、その他の未収金に整理されます。営業未収金とは、営業に係る収益の未収入額をいい、料金（使用料）などが該当します。営業外未収金は、本来の事業の経営活動によらない営業外収益の未収入額をいいます。その他の未収金は、営業及び営業外収益にかかる未収金以外の未収金をいい、固定資産の売却代金などが該当します。

（3）　有価証券
　有価証券とは、財産を表す証券であって、国債、政府保証債、地方債、金融債、社債等で市場性のあるものをいいます（市場性のあるものとは、取引所の相場のあるものをいいます）。有価証券には、①一時所有を目的とするものと、②長期にわたって所有することを目的とするものがあり、②については、第8章第2節「3. 投資その他の資産」で説明した投資その他の資産に区分される投資有価証券に該当します。

２．たな卸資産
（１） 商品
　商品には、一般的に宅地造成事業を行う場合の販売用不動産や病院事業における販売用の薬品などが該当します。

（２） 製品
　販売のために製造した製品などが該当します。

（３） 半製品
　半製品とは、複数の工程で最終製品を製造するような場合に、ある工程で製造された途中段階の製品ではあるものの、それ自体が販売できる製品のことをいいます。

（４） 貯蔵品
　貯蔵品には、原材料のほか、耐用年数が１年未満または相当価格未満の消耗工具器具備品や釘、包装材料、病院事業の薬品や診療材料などが該当します。

３．その他の流動資産
（１） 貸付金（１年以内に回収予定のもの）
　貸付金のうち、１年以内に回収が予定されているものについては、流動資産に計上されます。

（２） 前払金
　前払金には、物品の購入、工事の請負等に際して前払いされた金額で、前払費用に属さないものを計上します。

（３） 前払費用
　前払費用とは、一定の契約に従い、継続して役務の提供を受ける場

合、いまだ提供されていない役務に対して支払われた対価をいいます。例えば、賃借料や保険料を前払いした場合などが該当します。なお、貸借対照表日から起算して1年を超えるものがある場合には、投資その他の資産に、長期前払費用等の科目で計上します。

（4） 未収収益

　未収収益とは、受取利息、土地物件賃借料など、契約による継続的な役務提供に基づき主として時の経過に伴って発生する収益で、一定の契約に従い、継続して役務の提供を行う場合、既に提供した役務に対していまだにその支払を受けていないものをいいます。

第4節　将来に効果が出る繰延資産

　繰延資産とは、既に対価の支払が完了しまたは支払義務が確定し、これに対応する役務の提供を受けたにもかかわらず、その効果が将来にわたって発現するものと期待される費用のことをいいます。

　従来、試験研究費などは、将来にわたる費用であるため、資産として計上しているものもありました。

　しかしながら、企業会計において原則として支出時に費用処理を行うこととされたことなどから、平成24年に地方公営企業会計制度の改正が行われ、新規に繰延資産を計上することは認められなくなりました（平成26年度の予算決算から適用）。

　ただし、鉄道事業における、鉄道に係る多額の災害損失のように、事業法において資産への計上が認められているものについては、引き続き繰延資産への計上が認められています。（令第25条）

　平成26年の改正により、繰延資産の新規の計上は認められなくなりましたが、新会計基準を最初に適用する事業年度の末日において、繰延勘定に計上されていたものは、その償却が終わるまでは現行の処理を継続することとされています。

なお、従来は「繰延勘定」と呼ばれていましたが、科目名が企業会計と同様に、繰延資産と呼ばれます。(旧令第14条、第26条、新令第14条)

第9章｜負債ってなんだろう

本章のテーマ

- 負債の概要を理解しましょう。
- 負債の内容を把握しましょう。
- 引当金の概要を理解しましょう。

第1節　資産を生みだす財源はどこからくるのか

　資産を生みだす財源は、大きく分けて2つあります。1つは、もともと公営企業が持っているお金であり、もう1つは借金です。もともと持っているお金で資産を生みだすということは、資本（元手）によって資産を取得するということです。また、借金をして資産を生みだすということは、企業債などの負債によって資産を取得するということです。すなわち、資産を取得する際は、資本または負債のいずれかによって取得することとなり、そのため資本及び負債は「資金の調達源泉」、資産は「資金の運用形態」と表現されることがあります。負債は、資本とともに、企業の財政状態を表す貸借対照表において、資産の反対側である貸方に表示されます。これらの関係を図示すると**図表9−1**のようになります。

　資本と負債は、資金の調達源泉という意味では同じですが、資本は企業が将来返済する必要のないものである一方で、負債は企業が外部に対していずれは返済する必要があるという点に相違点があります。このような特徴から、資本は「自己資本」、負債は「他人資本」と表現されることがあります。

図表9-1　資産と負債・資本の関係

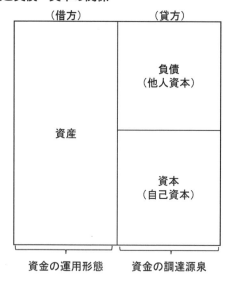

第2節　負債の種類及び区分

負債も資産と同様に、1年を超えてから返済する「固定負債」と1年以内に返済する「流動負債」に分けられます。また、公営企業会計特有の科目として、「繰延収益」があります。（**図表9-2**）

1．固定負債

負債のうち、1年を超えて返済するもの等をいいます。固定負債には、企業債、他会計からの借入金、引当金、リース債務などが含まれます。

（1）　企業債

企業債は、公営企業が固定資産の建設等の取得財源として借入れた資金のことです。企業債のうち、償還期限が1年を超えるものが固定負債とされます。

図表 9 - 2　負債の分類

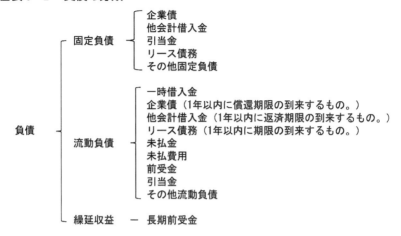

（2）　他会計借入金

　他会計借入金は、一般会計や他の特別会計からの借入金のことです。一般会計や他の特別会計からの借入金は、同一地方公共団体内での資金の貸し借りですが、外部からの借金である企業債と同様に、他会計借入金として負債に区分されます。他会計借入金のうち、返済期限が１年を超えるものが固定負債に計上されます。

（3）　引当金

　引当金は「将来の特定の費用又は損失（収益の控除を含む。）であつて、その発生が当該事業年度以前の事象に起因し、発生の可能性が高く、かつ、その金額を合理的に見積もることができると認められるもの」です（則第22条）。簡単にいうと、将来に発生する可能性のある費用や損失に備えるために計上するものです。

　なぜこのような引当金を計上する必要があるかというと、各年度の損益計算をより正確にするためです。つまり、当期以前に原因があり、将来に発生する可能性が高い費用がある場合、その費用が実際に発生した

年度に全額費用計上してしまうと、当該年度の費用と収益が対応せず損益を正しく認識できないからです。

　このような引当金の種類としては、貸倒引当金、退職給付引当金、賞与引当金、特別修繕引当金、修繕引当金などがあります。引当金のうち、通常1年以内に使用されるものは流動負債、1年を超えて使用されるものは固定負債とされます。

　ここでは固定負債に計上される引当金である、退職給付引当金、特別修繕引当金について見ていきます。

① 退職給付引当金

　通常、職員が退職する際には退職手当が支給されます。この職員に支給される退職手当は、職員に対する後払いの労働対価（給与の後払い）であると考えられています。そのような考え方からすると、退職手当は勤務期間にわたり徐々に発生していることから、各年度に分担させることが損益計算上は望ましいと考えられます。そこで、毎年度の負担額を費用計上するとともに、年度末における退職手当相当を引当金として負債計上するものが退職給付引当金です。退職給付引当金は、通常、固定負債に計上されます。

図表9-3　退職給付引当金のイメージ図

【例】4年後に退職手当20百万円を支給。退職手当は毎年度均等に増加すると仮定。

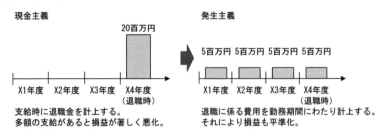

現金主義

20百万円

X1年度　X2年度　X3年度　X4年度
（退職時）

支給時に退職金を計上する。
多額の支給があると損益が著しく悪化。

発生主義

5百万円　5百万円　5百万円　5百万円

X1年度　X2年度　X3年度　X4年度
（退職時）

退職に係る費用を勤務期間にわたり計上する。
それにより損益も平準化。

② 特別修繕引当金

　数事業年度ごとに定期的に行われる特別の大規模修繕に備えて設定される引当金が特別修繕引当金です。法令により定期的な修繕が義務づけられている場合等、修繕費の発生が合理的に見込まれるものに限って計上します。特別修繕引当金のうち、1年以内に使用されるものは流動負債、1年を超えて使用されるものは固定負債とされます。

（4）　その他固定負債

　上記（1）〜（3）以外の負債で、1年を超えて債務の履行を行う必要がある負債をいいます。具体的には、割賦払の契約によって購入した資産の割賦未払金のうち、支払期限が1年を超えて到来するものや、リース会計によって認識された負債などが該当します。

2．流動負債

　負債のうち、1年以内に支払うべきものをいいます。流動負債には、一時借入金、企業債（1年以内に償還期限の到来するもの）、他会計からの借入金（1年以内に返済期限の到来するもの）、リース債務（1年以内に期限の到来するもの）、未払金、未払費用、前受金、引当金などが含まれます。

（1）　一時借入金

　一時借入金とは、年度途中における収支のタイミングのズレによる一時的な資金不足を補うための短期の借入金をいいます。一時借入金は、一時的な資金不足を補うためのものですので、原則としてその事業年度内に返済しなければなりません。

　なお、他会計から一時的に資金の融通を受けた場合も、一時借入金として処理します。

（2）　企業債（1年以内に償還期限の到来するもの）

　企業債のうち、事業年度の末日から見て償還期限が1年以内に到来するものが流動負債とされます。

（3）　他会計借入金（1年以内に返済期限の到来するもの）

　他会計借入金のうち、事業年度の末日から見て返済期限が1年以内に到来するものが流動負債とされます。

（4）　リース債務（1年以内に期限の到来するもの）

　ファイナンス・リース取引におけるリース債務のうち、事業年度の末日から見て支払期限が1年以内に到来するものについては流動負債とされます。

（5）　未払金

　未払金とは、特定の契約等により、既に債務は発生しているものの、まだその支払が終わっていないもので、公営企業の通常の業務活動において発生したものである営業未払金とそれ以外のその他未払金に区分されます。営業未払金は、公営企業の通常の業務活動において発生した未払金で、具体的には、経費の未払分などが計上されます。その他未払金は、地方公営企業の通常の業務活動に関連して発生した未払金で、具体的には、本業に直接関係しない未払額、すなわち固定資産の購入代金（建設改良費）の未払分などが計上されます。

　例えば、建物の修繕を行った際、修繕費として30万円かかったとします。この30万円について、修繕が完了したときに直ちに支払うのではなく、後日支払うとした場合、修繕が完了した時点で営業費用として計上するとともに、営業未払金として同額を計上します。そして、後日実際に30万円を支払った際に、営業未払金を取り崩す処理を行います。

（6） 未払費用

　未払費用とは、一定の契約に従い継続して役務の提供を受ける場合、既に提供された役務に対していまだその対価の支払が終わらないものをいいます。このような役務に対する対価は、時間の経過に伴い既に当年度の費用として発生しているものですので、これを当年度の費用に計上するとともに負債として計上します。具体的には、未払家賃、未払利息などが該当します。

　なお、未払金と未払費用は、非継続的な役務の提供に関するもの（未払金）か、継続的な役務の提供に関するもの（未払費用）かにより区別されます。

図表9-4　未払費用のイメージ図

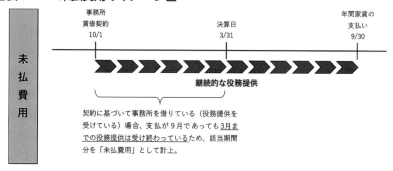

（7） 前受金

　前受金とは、役務提供の対価として受け取ったもののうち、いまだその役務を履行していない対価に相当するものをいい、具体的には、前納された前受給水収益などが該当します。

　前受金は、営業前受金、営業外前受金、その他前受金に区分され、実際にその役務の履行がなされた時点で営業収益等として処理されます。

（8） 引当金

　引当金のうち、通常１年以内に使用されるものは流動負債とされます。ただし、１年以内にその一部の金額の使用が見込まれるものであっても、その使用額を正確に算定できないものについては、その全額を固定負債として計上します。

　流動負債に計上される引当金には、賞与引当金や修繕引当金が該当します。

図表 9 - 5　賞与引当金のイメージ図

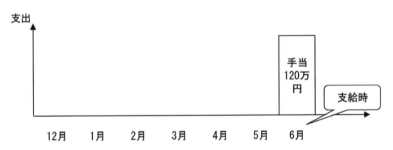

（例）次年度の6月に、当年度12〜5月分の期末手当・勤勉手当120万円を支払う場合

現金主義の場合

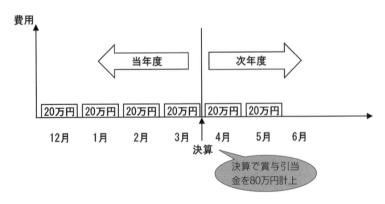

発生主義の場合（賞与引当金を計上する場合）

① 賞与引当金

　賞与引当金は、職員に対して翌年度に支給する夏季の期末・勤勉手当に備えて見積り計上するものです。実際の期末・勤勉手当の支給は翌年度に行われるとしても、その発生原因（労働サービスの提供）は当年度中に発生しているため、その発生額を引き当てるというものです。賞与引当金は、通常、流動負債に計上されます。また、賞与引当金に対する法定福利費相当額も引当金として計上します（総務省「地方公営企業会計基準見直しQ&A」番号3-2）。

② 修繕引当金

　企業の所有する設備等について、毎事業年度行われる通常の修繕が何らかの理由で行われなかった場合において、その1年以内の修繕に備えて引き当てていくものが修繕引当金です。修繕が事業の継続に不可欠な場合等、修繕の必要性が当該事業年度において確実に見込まれるものに限り計上し、当期の費用として認識します。

③ 貸倒引当金

　貸倒引当金は、未収金、貸付金等の金銭債権について、回収することが困難と予想される額を見積り、引き当てるものです。債権に不納欠損が生じた場合、当該債権を取り崩すとともに、同額の費用（貸倒損失）を計上しますが、この費用の発生可能性が高く、金額を合理的に見積もることができる場合には、実際に不納欠損が生じる前に、回収が困難と予想される額を貸倒引当金繰入額として費用を認識し、同額の貸倒引当金を計上します。

　貸倒引当金は、資産の控除項目として計上されます。これは、貸倒引当金が評価性引当金に該当するためです。評価性引当金とは、将来の現金支出ではなく、特定の資産（未収金や貸付金）が回収できないなどの理由により損失が発生する場合において、その可能性を評価し、将来の損失に備えるため資産から控除される引当金のことをいいます。

（9） その他流動負債

　上記（1）～（8）以外の負債で、1年以内に債務の履行を行う必要がある負債をいいます。具体的には、職員の所得税等の源泉徴収額等を計上する預り金や、一定の契約に従い計上される前受収益等が計上されます。

3．繰延収益

　繰延収益には、長期前受金、繰延運営権対価及び運営権者更新投資が含まれます。

　長期前受金は、償却資産の取得等に充てるために補助金等の交付を受けた場合で、当該交付を受けた金額に相当する額を計上したものをいいます。そして、負債に計上した上で、取得財源に充てた固定資産の減価償却見合い分を順次収益化します。これは、固定資産の減価償却費をどの財源で賄ったかを明確にしていくための処理です。

　繰延運営権対価と、運営権者更新投資は、民間資金等の活用による公共施設等の整備等の促進に関する法律に基づく、公共施設等運営事業（コンセッション事業）を行ったときに、コンセッション契約契約額総額や、民間事業者が行った公共施設の更新工事を負債に計上したものです。コンセッションの契約期間などにわたって収益化します。

　繰延収益は、固定負債や流動負債と違い、将来支払義務を負うものではありませんが、負債及び資本のどの部分にも属さないものとして、便宜的に負債に計上されています。

　長期前受金について、詳しくは第7章第3節をご参照ください。

第10章 | 資本ってなんだろう

本章のテーマ

- 資本の概要を理解しましょう。
- 資本の種類を把握しましょう。

第1節　公営企業の資本とは

公営企業において資本は難しい概念ですが、1つの説明として、資産の額から負債の額を控除した残高、すなわち仮に全負債を精算した後に、最終的に残存し自身に帰属する財産のことを指します。

地方公営企業法適用開始時では、資本は「元手」ととらえることができます。一般会計からの出資金を「元手」にして、もしくは、建物、設備などの財産と借金などの負の財産の出資（現物出資）を受けて、それらを「元手」に事業を開始しているためです。

事業が行われていくと、この「元手」から得られた「果実」が資本に加わります。

それでは、資本にはどのようなものが含まれているのでしょうか。

第2節　資本の区分と分類

図表10-1に示すように、資本には3つの区分（資本金、資本剰余金および利益剰余金）があります。

図表10-1　資本の内訳

資本	資本金	固有資本金
		繰入資本金
		組入資本金
	資本剰余金	非償却資産(土地などの)財源
	利益剰余金	未処分利益剰余金
		処分済利益剰余金(積立金)

　このうち、資本金及び資本剰余金は前述の「元手」にあたり、利益剰余金はそれら「元手」から得られた「利益(果実)」にあたります。

　資本金、資本剰余金、利益剰余金の内容を詳しく見ていきたいと思います。

1．資本金

　公営企業における資本金は、その計上由来から次の3つに分類されています。

- 固有資本金
- 繰入資本金
- 組入資本金

（1）　固有資本金

　固有資本金とは、公営企業の事業を開始した時点に一般会計等から出資された出資金のことをいいます。

　また、法適用前から業務を行っている公営企業の場合、既に資産と負債が存在するため、法適用の時点での資産の額から負債の額を差し引いた残額から、資本剰余金（後述2）を除いた部分が固有資本金となります。

（2）　繰入資本金

　繰入資本金とは、法適用後に建設改良等の目的に充てるために、一般会計等から追加出資を受けた金額をいいます。

（3）　組入資本金

　組入資本金とは、法適用後に獲得した利益をもとにした資本金です。既に使用済の利益剰余金等を議会の議決を経て資本金に組み入れた場合、この組入額相当が組入資本金に該当します。議会の決議のほかに、条例を制定して組み入れることもできます。

　以上のように資本金はその計上由来により3つに分類できますが、これらはそれぞれが貸借対照表における勘定科目として使用されるものではありません。しかし、企業の財政状態を判断するうえでも、資本金はその計上由来により3つに区分して整理するのが望ましいといえるでしょう。

２．資本剰余金

　公営企業における資本剰余金は、「元手」のうち、非償却資産（例えば、土地）の取得のために受入れた財源です。

　地方公営企業法の適用開始時において、非償却資産の財源だと明確に区分できた補助金等は資本金ではなく資本剰余金として資本に計上され

ます。適用開始後では、非償却資産を購入するための財源 (補助金、寄付金等) を受け取ったとき、または地方公共団体外部から非償却資産の現物を譲り受けたときに資本剰余金として計上されます。

3．利益剰余金

　利益剰余金は、資本金及び資本剰余金を「元手」にした営業活動によって獲得した利益を源泉とした剰余金のことです。
　利益剰余金は次の2つに分類されます。
- 未処分利益剰余金
- 処分済利益剰余金（積立金）

（1）　未処分利益剰余金

　未処分利益剰余金は、営業活動の結果生じた純利益が累積したものです。当年度に獲得した純利益（当年度純利益）と前年度までに獲得した純利益（繰越利益剰余金）がここに振り分けられていますが、特定の使途目的を与えられていません。したがって、処分の決まっていない利益をプールしておく勘定といえます。
　経営がうまくいかず損失が出てしまった場合は、これを前年度までの利益（繰越利益剰余金）で埋めていきます。埋めきれなかった分（未処理欠損金）は、繰越欠損金として次年度以降へ繰り越されていき、次年度以降の利益で埋めます。

（2）　処分済利益剰余金（積立金）

　処分済利益剰余金（積立金）は、未処分利益剰余金を特定の財源に充てる目的で積み立てるため、未処分利益剰余金から振り替えられたものです。積み立てにあたっては以下のルールが定められています。
- その使途を示す名称を付した科目に積み立てなければならないこと
　（例えば、建設または改良工事等を行う財源として充てることを目的とした「建設改良積立金」、企業債の償還に充てるための「減債

積立金」)

• 利益の処分は条例で定めるか、議会の議決を経ること

第11章 | その他、個別の事項

本章のテーマ

- 管理者と職員の身分取扱いの概要を理解しましょう。
- 出納事務の概要を理解しましょう。
- 消費税の予算措置・会計処理の概要を理解しましょう。
- 財政健全化法との関わりを理解しましょう。

第1節 管理者と職員の身分

　公営企業は管理者・職員の身分や財務・会計について、一般会計や他の特別会計と異なる点があることを説明しましたが、ここでは管理者・職員の身分について詳しく説明します。

1. 管理者について（法第7条～第16条）

　第1章第1節で公営企業における管理者とは、社内カンパニーの社長のようなものと説明しました。社長であるからには、その選任や身分の取扱いは特殊であり、**図表11-1**のような特性を持ちます。

　管理者はあくまでも社内カンパニーの社長であり、本社の社長である地方公共団体の首長（知事、市町村長等）よりは権限が限定的です。地方公共団体の首長と管理者との権限の違いについて整理すると**図表11-2**の通りです。

　では小規模な公営企業でも必ず管理者を置かなければならないのでしょうか。そんなことはありません。確かに管理者は、大規模な公営企業では必ず設置しなければなりません。例えば、水道事業では、常時雇

図表11-1　管理者の選任及び身分

管理者の選任及び身分取扱い
①公営企業の経営に関し識見を有する者のうちから、地方公共団体の首長が任命する。
②成年被後見人若しくは被保佐人又は破産者で復権を得ない者、禁錮以上の刑に処せられ、その執行を終わるまで又はその執行を受けることがなくなるまでの者は管理者として選任されることができない。
③管理者に選任後、上記（②）の事由に該当するに至った場合には、その職を失う。
④常勤の職員とし、国会議員、地方公共団体の議会議員・常勤職員などと兼ねることができない。
⑤任期は4年。任期中はその身分が保証され、次に該当する場合のほか、その意に反して罷免されない。 ・管理者が心身の故障のため職務の遂行に堪えないと認める場合 ・管理者の業務の執行が適当でないため経営の状況が悪化したと認める場合 ・その他管理者がその職に必要な適格性を欠くと認める場合
⑥職務上の義務違反その他管理者たるに適しない非行がある場合には、首長が懲戒処分できる。
⑦服務については法令等に従う義務、秘密を守る義務、政治的行為の制限等、一般職員の服務に関する規定が準用される。

用される職員の数が200人以上であり、かつ、給水戸数が5万戸以上の場合（令第8条の2第1号）には管理者を置く必要があります。しかし、それ以外の場合は、条例で定めれば、管理者を設置せずに、管理者の権限は地方公共団体の首長が行うということもできます。

　管理者を設置することは、公営企業の独立性が強調されたり、機動的な業務が行えるようになるなどのメリットがあります。

図表11-2　地方公共団体の首長と公営企業の管理者との違い

地方公共団体の首長	公営企業の管理者の事務
1. 首長の権限とされている事項 ① 予算を調製すること ② 議会の議決を経るべき事件につきその議案を提出すること ③ 決算を監査委員の審査、議会の認定に付すこと ④ 過料を科すこと 2. 1以外の公営企業への関与 ① 管理者に事故があるとき又は管理者が欠けた際、その職務を行う上席議員の指定について、同意を与えること ② 主要職員を規則で定め、及び管理者がこれを任免する場合について、同意を与えること ③ 予算にいわゆる弾力的条項発動の報告を受けること ④ 予算の繰越使用計画の報告を受けること ⑤ 公営企業の出納を取り扱う金融機関に指定について同意を与えること ⑥ 事業報告書等の報告を受けること ⑦ 計理状況の報告を受けること ⑧ 業務状況を説明する書類の提出を受けること ⑨ 法令の特別の定めによる権限 3. 管理者に対し必要な指示をすることができる場合 ① 当該地方公共団体の住民の福祉に重大な影響がある業務の執行に関し、その福祉を確保するため必要がある場合 ② 当該管理者以外の地方公共団体の機関の権限に属する事務の執行と当該公営企業の業務の執行との間の調整を図る場合がある場合	① 分課を設けること ② 職員の勤務条件、身分取扱に関する事項を掌理すること ③ 予算の原案を作成し、首長に送付すること ④ 予算に関する説明書を作成し、首長に送付すること ⑤ 決算を調製し、首長に提出すること ⑥ 議会の議決を経るべき事件について、その議案の作成に関する資料を作成し、首長に送付すること ⑦ 当該企業の用に供する資産の取得、管理及び処分すること ⑧ 契約を結ぶこと ⑨ 料金、使用料等を徴収すること ⑩ 一時借入をすること ⑪ 会計事務を行うこと ⑫ 証書及び公文書類を保管すること ⑬ 労働協約を結ぶこと ⑭ 当該企業に係る行政庁の許可等を受けること ⑮ 計理状況を明らかにするために必要な書類を作成し、首長に提出すること ⑯ 業務の状況を公表するための説明書を作成し、首長に提出すること ⑰ その他、法令等の定めによりその権限に属する事項

2．職員の身分取扱いについて

　社内カンパニーの社長は管理者ですが、社員はどうなるのでしょう。

　管理者は、その権限に属する事務を処理するため条例により補助組織を設ける（法第14条）とされています。この組織の職員を企業職員と呼び、その任免、指導監督権限は、地方公共団体の首長ではなく、管理者が有しています。この企業職員が社内カンパニーの社員です。管理者は、法令、条例、規則に違反しない範囲で、企業職員の勤務条件を制定することができます。

　このとき、企業職員は、その性質から、より経済性を発揮できるように、いわゆる一般行政職員とは適用される法令等が異なってきます。

　例えば、人事委員会を設置する地方公共団体の場合、職階制の採用が義務付けられていますが、企業職員についてはその実施は任意となっています。また、給与については、一般行政職員の場合、職務給（職務遂行の困難度等職務の内容と責任に応ずる）であることが必要ですが、企業職員は職務給であること加えて、能率給（職員の発揮した能率を考慮する）であることが必要です。

　そのため、ひとえに地方公務員といっても、その身分はさまざまであり、適用される法令等が異なることがあります。それらを図示すると**図表11－3**のようになります。

図表11-3　地方公務員の分類

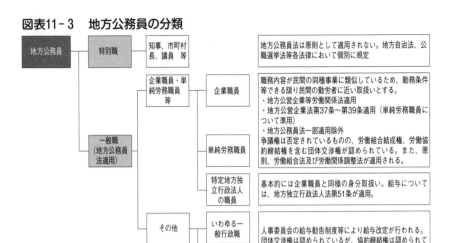

地方公務員	特別職	知事、市町村長、議員 等		地方公務員法は原則として適用されない。地方自治法、公職選挙法等各法律において個別に規定
	一般職（地方公務員法適用）	企業職員・単純労務職員等	企業職員	職務内容が民間の同種事業に類似しているため、勤務条件等できる限り民間の勤労者に近い取扱いとする。 ・地方公営企業等労働関係法適用 ・地方公営企業法第37条～第39条適用（単純労務職員について準用） ・地方公務員法一部適用除外 争議権は否定されているものの、労働組合結成権、労働協約締結権を含む団体交渉権が認められている。また、原則、労働組合法及び労働関係調整法が適用される。
			単純労務職員	
		その他	特定地方独立行政法人の職員	基本的には企業職員と同様の身分取扱い。給与については、地方独立行政法人法第51条が適用。
			いわゆる一般行政職	人事委員会の給与勧告制度等により給与改定が行われる。団体交渉権は認められているが、協約締結権は認められていない。
			教員	
			警察官・消防職員	警察官・消防職員については職員団体の活動はもとより団結権が認められていない。 （地方公務員法第37条、同法第52条第5項）

第2節　出納事務

　お金や物品を出し入れすることを出納といいます。例えば、料金を徴収してお金を受け入れる、書類を綴じるファイルなどの消耗品を購入してお金を支払う、メーター交換のために貯蔵品の量水器を払い出す、などです。お金や物品の受入れを「収納」、お金や物品の払出しを「支払」といい、そのための事務を「出納事務」といいます。では、出納事務は誰がどのように行うものなのでしょうか。この節では、まず、誰がという点に着目して解説していきます。

1．出納事務担当者

　公営企業では企業として効率よく運営ができるように、出納事務は管理者が行うものと定められています（法第9条第11号、第27条）。出納

を命令する権限者と実行する人が分けられておらず、管理者がまとめて管理します。この点は、出納を命令する権限者（長）と出納を実行する人（会計管理者）が分けられている一般会計とは異なる部分です。ただし、法が適用される範囲や管理者の設置状況により、次のように異なる取扱いがなされます。

（1）　法の規定の全部が適用される場合

法の規定の全部が適用される場合で、管理者を置かず長が管理者となっている場合、出納事務は長が行います。この場合、長は出納事務を会計管理者に委任することはできません。

（2）　財務規定等が適用される場合

①　原則

財務規定等が適用される場合、管理者の権限は長が行うものとされています。そのため、法の規定の全部が適用される場合で、管理者を置かず長が管理者の役割を担う場合と同様、出納事務は長が行います。

②　特例

出納その他の会計事務及び決算に係るものについては、条例で定めるところにより、その全部又は一部を会計管理者に行わせることができると定められています（法第34条の2）。委任した場合、出納事務は会計管理者が行います。

2．金融機関との関係

出納事務は管理者が行うこととされていますが、受け入れた現金を全て事務所の金庫などに保管、管理したり、そこから支払を行ったりすることは事務が膨大すぎるうえ、保管する現金の金額も大きくなり、現金の盗難リスクも高くなります。そこで、公営企業では銀行その他これに類する貯金の受入れまたは資金の融資を業とする金融機関であり、長の

同意を得て指定した者に、当該公営企業の業務に係る公金の出納事務の一部を取り扱わせることができます（法第27条ただし書）。長部局における指定金融機関のような存在です。

（1） 出納取扱金融機関・収納取扱金融機関

公金の収納及び支払の事務の一部を取り扱う金融機関、すなわちお金を収納できるだけでなく、経費や工事費などの支払にも使う口座を持つ金融機関を、出納取扱金融機関といいます（令第22条の2第2項）。出納取扱金融機関は複数指定でき、その場合には出納取扱金融機関を取りまとめる金融機関を決めます。このような金融機関を、総括出納取扱金融機関といいます。ただし、出納取扱金融機関を複数定めると事務が複雑になり、利便性が低下するおそれがあります。

また、公金の収納の事務の一部を取り扱う金融機関、すなわちお金を収納するためだけに使う金融機関を、収納取扱金融機関といいます（令第22条の2第2項）。収納取扱金融機関は複数指定できます。利用者にとっては水道料金や下水道使用料といった料金を納めるのに使う金融機関であり、どこでも支払えると利便性が高まりますので、利用者サービスの向上のため、複数の金融機関を指定することが一般的です。

（2） 金融機関の責任とチェック体制

出納取扱金融機関や収納取扱金融機関は、公金を取り扱うことから、金融機関の故意または過失によって公営企業に損害が生じた場合には、賠償する責任を負っています（令第22条の3第1項）。また、そのような場合に賠償を確実に実行させるため、金融機関から担保を取っておく必要があります（令第22条の3第2項）。なお、この担保については、たとえば指定金融機関と同じ金融機関を出納取扱金融機関や収納取扱金融機関に指定した場合に、既に指定金融機関から提供させている担保を分割させることは差し支えありません（マニュアル第4編　質疑応答集2（3）番号1）。

出納取扱金融機関や収納取扱金融機関において、公金の取扱いで事故が起きないようチェックするため、監査委員は必要があると認めるときに、または管理者の要求があるときは、公金の収納または支払の事務について監査することができます。また、管理者は出納取扱金融機関や収納取扱金融機関について、定期および臨時に公金の収納または支払の事務および預金の状況を検査することが義務付けられています。もし検査の際に法令や契約に違反しているような運用がなされている場合は、是正措置を求めることもできます。

３．出納の担当者は決まっている

　前述１．で述べたように、公営企業では管理者が出納事務を行うものとされています。しかし、日々生じる収納や支払といった事務の全てを管理者自ら行うことは現実的ではありません。また、現金や物品などの出納その他の会計事務は、公営企業の財産を取り扱う事務であることから、企業職員の誰でも取り扱うことができるような体制は適当でなく、担当者を限定するなど、一般の事務に比べて責任と権限を明確にする必要があります。そこで、公営企業では出納事務の実務を担当する者として、企業職員の中から企業出納員を置くものとされ、また、現金取扱員を置くことができるとされています（法第28条第１項）。

（１）　企業出納員

　企業出納員は、出納その他の会計事務をつかさどります（法第28条第３項）。企業出納員は１人に限ったものではなく、複数名置くこともできます。公営企業の出納事務では現金の出納と物品の出納がありますので、それぞれの事務について責任を分担するために、現金出納関係の事務を取り扱う企業出納員と、物品出納関係の事務を取り扱う企業出納員を別々に置くということもできます。企業出納員にどの役職の職員を任命するか、また、何名の職員を任命するかは、企業の規模に応じて決定します。

（2）　現金取扱員

　現金取扱員は、上司の命を受けて、現金の出納に関する事務をつかさどります（法第28条第4項）。公営企業は、鉄道事業における車掌や、水道事業における料金集金員など、現金を取り扱う事務を担当する職員が多数いるケースが多いので、現金取扱員も複数の職員を任命します。また、現金取扱員に一度に多額の現金を保管させることは、横領や紛失などのリスクが高まりますので、現金取扱員が取り扱うことのできる限度額を企業管理規程で定める必要があります。限度額の設定においては、現金取扱員1人当たりの1日の取扱い限度額を具体的に定めることで、責任負担をより明確にすることが望まれます。集金員のように現金収納を想定する場合は、集金員1人が保有できる釣銭準備金の額も含めて限度額を定めることを忘れないようにしましょう。

4．収入の手続
（1）　収納の方法

　収納と聞くと現金による納付や振込による納付をイメージする方が多いと思いますが、公営企業では住民の利便性を考慮し、次のような方法によることが可能です。

- 証紙
- 口座振替
- 証券（小切手、国債または地方債）
- クレジットカード

（2）　収入事務の流れ

　収入のおおまかな流れは、次のようになります。

　（1）　調定（請求相手、請求額などの決定）→（2）納入通知書の発行（請求先に対して請求する）→（3）収納（納付金を受け入れる）→（4）記帳（収入の記録をする）

では、それぞれの事務がどのようなものか、一例を示します。

① 調定～誰にいくら請求するか決定する
　収入の調定は、原則的に納入通知及び収納の事前に行われる手続で、長部局における歳入の調定と同様、収入の根拠、収入科目、収入金額、納入義務者などを明らかにする必要があります。ただし、例えば病院窓口で診療代を現金で受け取った場合など、現金収納と同時または収納後に調定することもあります（事後調定）。
　調定を行う場合、必要事項を記載した振替伝票を収入調定担当者が発行し、管理者の決裁を受けます。管理者の決裁を受けた後に、予算決算担当者の審査承認を受けます。これら一連の流れにより、企業債など未収金計上できない取引を除き、収入と未収金の計上がされます。

② 納入通知書の発行～請求先に請求する
　調定の手続が終われば、納入義務者（請求先）に納入の通知をすることになります。納入の通知には、所属年度、収入科目、納入すべき金額、納期限、納入場所及び納入の請求の事由を記載した納入通知書を使用します。

③ 収納～納付金を受入れる
　ⅰ　企業出納員が収納する場合
　企業出納員が納入義務者から直接納付金を収納した場合は、納入義務者に対して領収書を発行します。これに現金取扱員から受け取った現金及び収納済通知書をあわせて、収入伝票を発行し、現金は翌日までに出納取扱金融機関に預け入れます。

　ⅱ　現金取扱員が収納する場合
　現金取扱員が納入義務者から直接納付金を収納した場合は、納入義務者に対して領収書を発行するとともに、収納済通知書と収納した現

金を企業出納員に回付します。

iii 出納（収納）取扱金融機関が収納する場合

出納取扱金融機関が振込や口座振替により収納した場合は、公営企業の預金口座に受入れます。収納取扱金融機関が同様に収納した場合は、出納取扱金融機関にある公営企業の預金口座に振替えます。出納取扱金融機関は、納付者及び収納取扱金融機関からの収入について、収納済通知書と出納日報を企業出納員に送付します。

④ 記帳～収入を記録する

企業出納員は、領収書や収納済通知書をもとに収入伝票を作成し、管理者の決裁を受けます。また、現金出納簿や預金口座出納簿に入金額を記録し、銀行口座や現金残高と照合し、記帳が漏れなくされているかチェックします。

収入調定担当者は、収入済通知書をもとに収入調定簿に記帳し、入金消込を行います。

図表11-4 収納事務の流れ

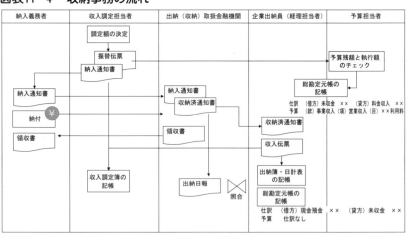

５．支出の手続
（１）　支払事務の流れ
　支出のおおまかな流れは、次のようになります。
　①支出負担行為（支出していい内容かチェックする）→②発注・検収（業者に発注し、納品を受ける）→③支払（業者に代金を支払う）→④記帳（支出を記録する）

　では、それぞれの事務がどのようなものか、一例を示します。なお、以下の作業は一部を財務会計システムを用いて行われることが一般的です。

①　支出負担行為～支出していい内容かチェックする
　支出する原因となる契約その他の行為について、その内容が法令などに違反していないか、内容に誤りがないか、予算の範囲内かなどの審査を受けることを、支出負担行為といいます。
　発注担当者は、契約その他の行為の実行前に支出負担行為書を作成し、予算担当者の審査を受けます。審査後、管理者の決裁を得て、予算担当者は支出（たな卸資産購入）予算執行計画整理簿に、承認を受けた支出負担行為について記帳します。

②　発注・検収～業者に発注し、納品を受ける
　発注担当者は支出負担行為に基づき業者へ発注し、納品を受けた物品またはサービスについて検収します。公営企業は発生主義に基づく会計処理を行いますので、検収が完了した時点で振替伝票を作成し、納品書や請求書とともに企業出納員に回付します。

③　支払～業者に代金を支払う
　ｉ　管理者（企業出納員、現金取扱員）が直接支払を行う場合
　　少額経費の支払であれば、管理者が企業出納員などに一定額の現金

を小口現金として保有させ、切手代や交通費などの支払をさせること
ができます。債権者への支払が完了したら、債権者から領収書を入手
し、企業出納員が支払を行います。

ii　出納取扱金融機関を通じて支払を行う場合

　出納取扱金融機関を通じて支払を行う方法として、小切手による方
法、現金による方法、口座振替による方法、隔地払による方法、公金
振替書による方法が挙げられます。

　出納取扱金融機関は、債権者への支払が完了した後、支払済通知書
を企業出納員に送付します。

④　記帳～支出を記録する

　企業出納員は、債権者から入手した領収書や、出納取扱金融機関から
入手した支払済通知書をもとに、支出伝票を作成し管理者の決裁を受け
ます。また、現金出納簿や預金口座出納簿に支払額を記録し、銀行口座
や現金残高と照合し、記帳が漏れなくされているかチェックします。

　長部局と同様、公営企業の支払は支出負担行為によって債務額や履行
時期が確定したものでなければ支払はできないとされていますが、特例
として、資金前渡、概算払い、前金払などによる支払も認められていま
す。

　出納取扱金融機関を通じて支払う場合の事務の流れは**図表11‑5**の通
りです。

図表11-5　支払事務の流れ

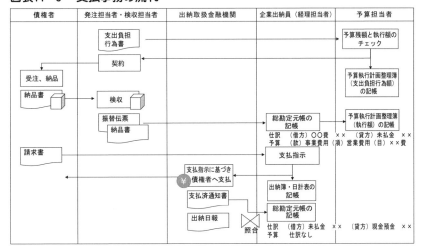

第3節　消費税の取扱い

1．公営企業の予算においても消費税に関する計算を行う

（1）　地方公共団体の予算は税込ですが、公営企業でも同じでしょうか

　料金収入や各経費はそれにかかる消費税（ここでは「消費税及び地方消費税」を指します。以下同様）と一緒に決済されますが、会計処理を行う際に、税抜金額をベースにするのか、税込金額をベースにするのかという論点があります。

　この点、公営企業の経理処理においては、税抜金額をベースにする方法（税抜方式）が採用されます（則第19条）。これは、消費税は最終消費者が負担するものであり、収益や費用から分けて把握するべきと考えられるためです。

　一方、公営企業の予算においては、総計予算主義に基づいて税込金額で計上します。総計予算主義とは、地方自治法第210条にて「一会計年

度における一切の収入及び支出は、すべてこれを歳入歳出予算に編入しなければならない。」と定められており、税込で予算計上することで一切の収入及び支出を予算編入することです。公営企業会計でも同様に、税込金額で予算編入します。

　図表11-6のように、書類によって、税抜金額と税込金額を使い分ける必要がある点が公営企業会計の複雑なところです。

図表11-6　消費税の会計処理

消費税の処理	税込	税抜
作成書類	予算書、決算報告書等	損益計算書、貸借対照表等

　消費税の設例を示すと、次の通りです。

【設例】 税抜100（税込110）の消耗品を購入した。

税抜方式の仕訳例	備消品費　　　　　　　　100/ 現預金 110 仮払消費税等　　　　　　10/
予算経理例	（款）○○事業費用　（項）営業費用　（目）総係費 （節）備消品費　　　110

（2）　予算で他に注意すべき点は？

　予算を税込で作成する以外に注意すべき点は、3条予算に消費税納税予定額（還付予定額）を計上する点です。こちらも、総計予算主義によるものであり、予算計上しないと消費税を納付することができなくなります。一方、損益計算書は税抜で処理され、納税予定額は貸借対照表の未払金（未払消費税等）として把握されるため、納税予定額は計上されません。

　また、非課税売上の割合が5％超の場合または課税売上高が5億円超の場合、非課税売上に対応する課税仕入れに係る消費税は仕入税額控除の対象外として、減額調整されます。特定収入割合が5％超の場合

図表11-7　消費税の予算経理と会計処理

区分	予算経理	会計処理
納税（または還付）予定額	営業外費用（消費税）または営業外収益（還付消費税）	未払消費税（または未収還付消費税）として把握
控除対象外消費税（3条）原則	なし	費用科目に振戻し
控除対象外消費税（3条）例外①	なし	営業外費用（雑支出）
控除対象外消費税（4条）原則	なし	長期前払消費税（特定収入の場合は固定資産に振戻し）
控除対象外消費税（4条）例外①（特定収入の場合のみ）	なし	特定収入（長期前受金または資本剰余金）と相殺
控除対象外消費税（4条）例外②	営業外費用（雑支出）	営業外費用（雑支出）

も同様に減額調整されます。

　この減額調整される部分は消費税の納付額が増加しますが、最終消費者ではなく事業者が負担することになるため、原則として年度末において各資産項目・費用項目に振戻します。しかし、煩雑さを回避するため、3条に係る控除対象外消費税は営業外費用として処理する方法が、4条に係る控除対象外消費税は特定収入（長期前受金または資本剰余金）と相殺及び営業外費用として処理する方法が認められています。

　これらをまとめると、**図表11-7**のようになります。

（3）　法を適用すると、消費税申告の方法は変わるの？

　法が適用されると、取引の認識基準などが変更になる点については理解しておく必要があります。

図表11- 8　消費税申告にかかる変更点

	法適用前	法適用後
認識基準	現金主義（原則）	発生主義（原則）
申告書提出期限	6ヶ月	3ヶ月

　法適用前の消費税計算は現金主義で行っていましたが、法適用後は発生主義で記帳しますので、発生主義ベースの申告となります。

　申告書提出期限について、基本的に課税期間の末日の翌日から2ヶ月以内とされています（消費税法第45条第1項）が、地方公共団体等に関しては状況に応じた特例があります（申告・納付期限の特例。消費税法施行令第76条）。この特例の中で地方公共団体の特別会計（公営企業を除く）の申告期限は6ヶ月以内、公営企業の申告期限は3ヶ月以内とされています（**図表11- 8**）。

2．消費税計算を行うために一般会計繰入金の会計処理を整理することが必要である

（1）　特定収入ってなに？

　特定収入の定義は、消費税法基本通達16- 2 - 1において、次の通り説明されています。なお以下でいう「法」は消費税法のことを指し、「令」は消費税法施行令のことを指します。

　法第60条第4項《国、地方公共団体等に対する仕入れに係る消費税額の計算の特例》に規定する「特定収入」とは、資産の譲渡等の対価に該当しない収入のうち、令第75条第1項各号《特定収入に該当しない収入》に掲げる収入以外の収入をいうのであるから、例えば、次の収入（令第75条第1項第6号《特定収入に該当しない収入》に規定する特定支出のためにのみ使用することとされているものを除く。）がこれに該当する。

　(1)　租税

(2) 補助金

(3) 交付金

(4) 寄附金

(5) 出資に対する配当金

(6) 保険金

(7) 損害賠償金

(8) 資産の譲渡等の対価に該当しない負担金、他会計からの繰入金、会費等、喜捨金等

　つまり、特定収入とは、補助金など（出資金などは該当しない）のような不課税収入のうち、課税仕入れに充てられるものといえます。

　公営企業は本来最終消費者ではないため、最終消費者から預かった消費税から費用などの支出に伴い仮で支払った消費税を差し引いて納税する結果、消費税の損得は生じないはずです。しかし、特定収入は不課税ですので、見合いの仮払消費税を最終消費者に転嫁すると還付により公営企業が得をしすぎるため、消費税を計算するうえで考慮する必要があります。特定収入に該当すれば、納税額が増加しますし、特定収入に該当しなければ、納税額が減少しますので、その性質を十分に事前検討しておくことが重要となります。

（2）　一般会計繰入金の会計処理と特定収入の関連は？

　一般会計繰入金は、その内容によって消費税法上の特定収入に該当するケースと該当しないケースがあります。一般会計繰入金は、出資金とそれ以外のケースの両方がありますので、まず、そのどちらなのかを明確にする必要があります。ここで出資金とされたものは特定収入にはなりません。負担金、補助金とされたものは、その使途が課税仕入れなのか、課税仕入以外なのか、あるいは使途不明なのかを明確にすることによって、特定収入に該当するか否かの判定をします（**図表11-9**）。

図表11-9　一般会計繰入金と特定収入の関係

	会計処理例	使途	消費税上の取扱い
出資金	資本金	全て	非特定収入
補助金	長期前受金、他会計補助金	課税仕入	特定収入
		課税仕入以外	非特定収入
		不明	特定収入（調整割合を乗じた範囲のみ）

　以上のように一般会計繰入金はその内容が消費税計算にも影響することから、公営企業内での検討のみでなく、一般会計側との事前協議も重要となります。また、消費税申告上、予算書や決算書などで一般会計等繰入金の使途の特定先を記載する必要があります。

　なお、一般会計等繰入金の受け方は、地方公営企業法の趣旨を踏まえて決定されるものですので、消費税法上の取扱いの違いだけを考慮して決定することは適切でない点に、注意が必要です。

第4節　財政健全化法との関わり

1．財政健全化法とは

　財政健全化法は、正式名称では「地方公共団体の財政の健全化に関する法律」といいます。同法では、「地方公共団体の財政の健全性に関する比率の公表の制度を設け、当該比率に応じて、地方公共団体が財政の早期健全化及び財政の再生並びに公営企業の経営の健全化を図るための計画を策定する制度を定めるとともに、当該計画の実施の促進を図るための行財政上の措置を講ずることにより、地方公共団体の財政の健全化に資することを目的」としています。

　地方公共団体は、毎年度、健全化判断比率（実質赤字比率、連結実質赤字比率、実質公債費比率、将来負担比率）を監査委員の審査に付した上で、議会に報告し、公表しなければならないとされています。健全化

図表11-10　健全化判断比率等の対象について

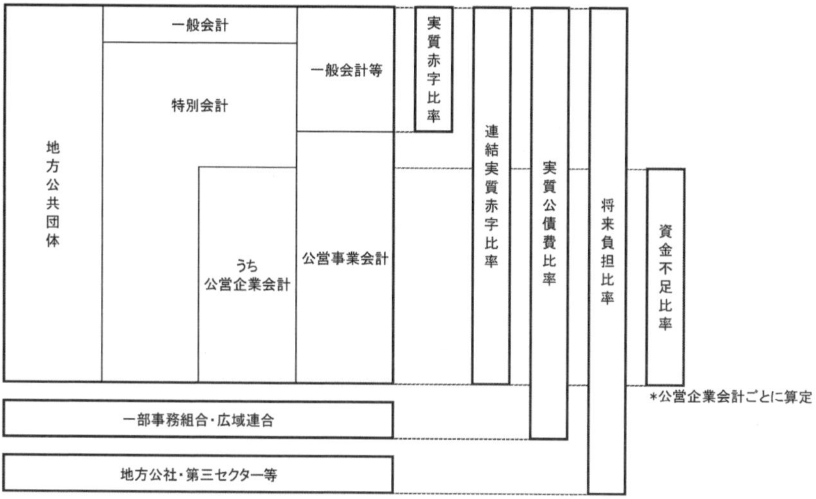

（出所）　総務省「健全化判断比率等の対象について」を参考に筆者作成

判断比率のうちのいずれかが早期健全化基準以上の場合には、財政健全化計画を定めなければなりません。一般会計等の財政の健全化を図る指標として上記４つの指標が設けられていますが、公営企業においては経営の健全化を図る指標として、４つの指標に変えて、資金不足比率が設けられています。

　具体的には、公営企業を経営する地方公共団体は、毎年度、公営企業ごとに資金不足比率を監査委員の審査に付した上で議会に報告し、公表します。これが経営健全化基準以上となった場合には、経営健全化計画を定めなければなりません。

　これらをまとめたのが、**図表11-10**です。

２．指標と計算方法及び資金不足比率の紹介

　健全化判断比率の内容と基準は次の**図表11-11**の通りです。

図表11-11　健全化判断比率とその内容

	内容	早期健全化基準 経営健全化基準
実質赤字比率	地方公共団体の最も主要な会計である「一般会計」等に生じている赤字の大きさを、その地方公共団体の財政規模に対する割合で表したもの	都道府県：3.75% 市町村：11.25〜15%
連結実質赤字比率	公立病院や下水道など公営企業を含む「地方公共団体の全会計」に生じている赤字の大きさを、財政規模に対する割合で表したもの	都道府県：8.75% 市町村：16.25〜20%
実質公債費比率	地方公共団体の借入金（地方債）の返済額（公債費）の大きさを、その地方公共団体の財政規模に対する割合で表したもの	25%
将来負担比率	地方公共団体の借入金（地方債）など現在抱えている負債の大きさを、その地方公共団体の財政規模に対する割合で表したもの	都道府県・政令市：400% 市町村：350%
資金不足比率	資金不足比率は、公立病院や下水道などの公営企業の資金不足を、公営企業の事業規模である料金収入の規模と比較して指標化し、経営状態の悪化の度合いを示すもの	20%

（1）　資金不足比率

　資金不足比率の報告は特別会計ごとに算定して行います。計算式は次の通りです。

$$\cdot\ 資金不足比率＝\frac{資金の不足額}{事業の規模}$$

　資金の不足額及び事業の規模は、法を適用しているか否かで算定式が異なります（**図表11-12**）。

図表11-12　資金不足比率の算定式

	法適用企業	法非適用企業
資金の不足額	（流動負債（建設企業債を除く）＋建設改良費以外の経費の財源に充てるために起こした地方債の現在高（固定負債に計上したもの）－流動資産）－解消可能資金不足額	（繰上充用額＋支払繰延額・事業繰越額＋建設改良費以外の経費の財源に充てるために起こした地方債の現在高）－解消可能資金不足額
事業の規模	営業収益の額－受託工事収益の額	営業収益に相当する収入の額－受託工事収益に相当する収入の額
解消可能資金不足額	事業の性質上、事業開始後一定期間に構造的に資金の不足額が生じる等の事情がある場合において、資金の不足額から控除する一定の額	

3．実質公債費比率と将来負担比率について

　実質公債費比率は、その年度に一般会計等が負担した地方債等の返済額の大きさを表し、将来負担比率は地方債等のうち一般会計等が負担すると見込まれる残高（将来の返済額）の大きさを表します。

　また、公営企業の予算書と決算書において、企業債償還に要する資金の全部または一部を一般会計等が将来負担すると見込まれる金額を注記することとなっているため、一般に将来負担比率の構成要素となっている金額と整合することが想定されます。

第2編

公営企業の経営の
基本

第12章 | 公営企業の経営戦略

本章のテーマ

- 公営企業の経営の基本的な考え方を理解しましょう。
- 公営企業が策定を要請されている経営戦略のポイントを理解しましょう。

第1節　独立採算と公営企業の持続可能性

　第1編にて、公営企業における会計を中心について説明してきました。振り返りとして、公営企業の企業としての性格を2点明記します。

- 地方公共団体が、住民の福祉の増進を目的として設置し、経営する企業
- 一般行政事務に要する経費が権力的に賦課徴収される租税によって賄われるのに対し、公営企業は提供する財貨またはサービスの対価である料金収入によって維持される

　この『……公営企業は提供する財貨又はサービスの対価である料金収入によって維持される』という性格が、公営企業の経営の在り方を表しています。基本的に公営企業において、事業を運営していくのに要する経費は、サービス提供の対価として受益者から受け取る料金収入によって賄うこと、つまり公営企業は独立採算で経営を行うことを基本原則としています。

図表12-1　公営企業の他会計繰入金の推移

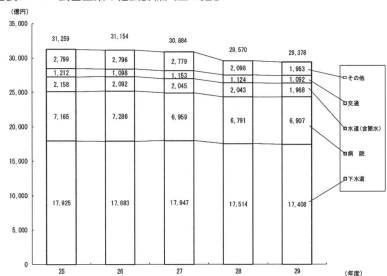

(出所)　総務省「平成29年度地方公営企業決算の概況」P17

　では、独立採算を基本原則としている公営企業の昨今の状況はどのような状況なのでしょうか？　他会計からの繰入金の状況を見ると、**図表12-1**の通りとなっています。

　図表12-1を見ると、公営企業全体における他会計からの繰入金の合計額は、若干減少はしているものの、過年度からほとんど変動していません。つまり、他会計からの繰入金を受取り、事業を運営している状況です。

　それでは多くの公営企業は独立採算で事業運営ができていないのでしょうか。もちろん、過度に繰入金に依存した事業運営は独立採算の原則が守られていないことになりますが、公営企業は法律や通知等により一定の繰入金を受けることを前提とした独立採算制が取られています。なぜなら、公営企業が運営している事業は、住民生活に身近な社会資本を整備し、欠くことのできない重要なサービスを提供する役割を果たし

図表12-2　日本の人口推移

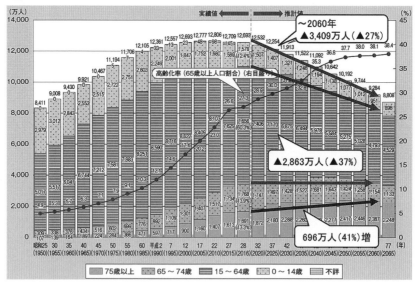

（出所）　総務省「公営企業の経営改革推進に向けた重点施策に関する説明会」（平成31年4月24日
　　　　開催）資料2-1　P1

　ており、将来にわたってサービスの提供を安定的に継続することが求め
られているからです。
　しかし、少子高齢化が進む我が国は、**図表12-2**に見られるように、
将来に向けて人口減少が叫ばれており、事業の財源である料金収入の減
少が懸念されています。さらに公営企業の一部の事業は、保有する施設
の老朽化に伴う大量更新時代が到来し、今後経費増大が見込まれ、公営
企業の経営環境は悪化することが懸念されます。そのため、住民生活に
欠くことのできない重要なサービスを提供している公営企業は、事業を
安定的に維持継続していく責務を果たす必要があります。
　そこで、現状の経営を的確に把握し、事業を持続可能なものとすべ
く、中長期的な経営の基本計画である「経営戦略」の策定が必要となっ
ています。

第2節　経営戦略策定ガイドラインのポイント

1. 公営企業経営の基本的な考え方

（1）　公営企業における経営戦略の必要性

　第1節で述べたように、公営企業を取り巻く経営環境は、厳しさを増しています。そのため、各公営企業が将来にわたって住民生活に重要なサービスの提供を安定的に継続することが可能となるよう、総務省は、各地方公共団体に対して「経営戦略策定ガイドライン」を示し、令和2年度までに経営戦略の策定を要請しています。

（2）　経営戦略策定の基本的な考え方

　公営企業における「経営戦略」とは、公営企業が、将来にわたって安定的に事業を継続するための中長期的な経営の基本計画です（**図表12-3**参照）。「経営戦略」は、「投資・財政計画」の策定が中心となり、施設・整備に関する投資の見通しである「投資試算」と、財源の見通しである「財源試算」から構成され、投資以外の経費も含め、収入と支出が均衡するように調整していくことが必要です。

　公営企業が、将来にわたって安定的に事業を継続していくためには、不断の経営努力に加え、効率的な経営も必要となります。そのため「経営戦略」には、組織の見直し、人材育成や広域化、PPP/PFI等の取組方針も示すことが求められます。

　さらに、総務省「経営戦略策定・改定ガイドライン」（平成31年3月29日付通知）第1章1、2において、「経営戦略」に関する基本的考え方が示されています。これを要約すると**図表12-4**に示す通りです。

図表12-3 「経営戦略」のイメージ

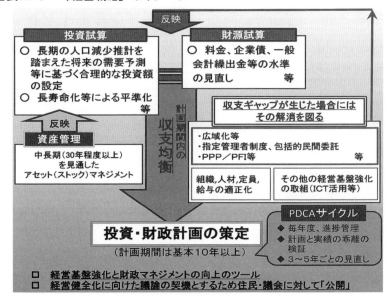

（出所） 総務省「公営企業の経営改革推進に向けた重点施策に関する説明会」（平成31年4月24日
開催）資料2-1　P10より抜粋

図表12-4 「経営戦略」に関する基本的考え方

基本事項	考え方	ポイント
計画期間	10年以上の合理的な期間を基本として設定	・事業の特性、個々の団体・事業の普及状況、施設の老朽化状況、経営状況等を踏まえて策定する。 ・市町村合併や広域化・共同化等の具体的検討が進められている事業があるなど、やむを得ず10年未満とする場合には、その理由について住民・議会にわかりやすく説明することが必要。
収支均衡の定義	法適用企業は、「純損益」、法非適用企業は「実質収支」が「黒字」	・「黒字」とは、事業、サービスの提供を安定的に継続するために必要な施設・設備に対する投資を適切に見込んだ上での「黒字」であり、また安定的に維持できることが望ましい。

基本事項	考え方	ポイント
「投資試算」及び「財源試算」の将来予測と「収支ギャップ」	可能な限り長期間かつ複数パターンで推計	・施設の耐用年数等を踏まえれば、計画期間内に大規模な更新投資が発生しなくても将来的に資金が必要になることから、それを見据えた推計を行う必要がある。 ・可能な限り長期間とは、事業の種類にもよるが30年～50年超とされ、少なくとも次の大規模更新投資の時期を踏まえたものであることが理想。
	「投資試算」及び「財源試算」は、実行可能な方策により、「収支均衡」を図ることが理想	・ただ漠然と将来の支出・収入を予測するだけでは、十分とはいえず、少なくとも現時点で反映可能な経営健全化や財源確保に係る取組みを踏まえて行うべき。 ・料金引き上げや投資のあり方の見直し等を複合的に検討し、将来予測のシミュレーションを数パターン行うなど、より実現可能な方策で「収支均衡」を図ることが理想。
	将来の支出・収入の整合性を検証した結果、「収支ギャップ」が生じた場合、解消に向けた取組みの方向性等が記載されていることが必要	・「収支ギャップ」が生じる場合、料金水準の適正化及び投資の合理化等により、解消することが基本。 ・収支が均衡した「投資・財政計画」が短期間で策定できない場合でも、安易に繰入金を増やすことで対応することは適当ではない。 ・合理的な計画期間内で「収支均衡」が図れない場合でも、「収支ギャップ」の解消に向けた取組みの方向性や検討体制・スケジュールを記載した「経営戦略」を策定し、収支改善を図っていくことが必要。 ・「収支ギャップ」の解消に向けた取組みの記載は、期待される効果を定量的に記載することが望まれるが、定量的に記載できない場合でも、できる限り具体的に取組みの内容を記載することが必要。

基本事項	考え方	ポイント
	住民・議会への説明が可能であることが必要	「投資試算」及び「財源試算」の将来予測や「収支ギャップ」の解消にあたって、個別の団体・事業の実情に応じたさまざまな方法が考えられるが、自ら採用した将来予測方法の理由や「収支ギャップ」の解消の方向性等について、住民・議会に対して説明できなければならない。
	独立採算制の基本原則等から特に留意すべき事項	料金（経費）回収率の向上、一般会計等からの繰出金の適正化、累積欠損金の解消、資金不足比率の改善等について、特に、留意することが重要。
	広域的な連携や民間活用も含めた抜本的な改革の検討	経営効率化やサービス水準の向上等を図る観点から、地域の実情に応じ、広域化・共同化等の広域的な連携や民間活用について、積極的に検討することが求められる。
	国庫補助金等の現行制度の基本として試算に反映	「財源試算」を行う際、国庫補助金等は、現行の制度や交付金状況を前提とすべき。なお、制度の改正等が行われた場合には、適宜試算の見直しを行うことが必要。
	組織、人材、定員、給与に関する事項	可能な範囲で一般会計等を所管する部門等と調整を行い、現時点で想定される経営健全化に資する取組みを記載することが適当である。

（3）　経営戦略策定の全体像

　「経営戦略」の策定にあたっての「投資・財政計画」は、「投資試算」と「財源試算」をそれぞれ、①現状把握・分析、将来予測、②目標設定、水準の合理化、③計画策定（取りまとめ）、というプロセスを経て作成されます。そのうえで、「投資試算」と「財源試算」の整合性を検証し、ギャップが生じた場合は収支均衡を検討します。また、投資以外

図表12-5 「投資・財政計画」（収支計画）策定までの流れ

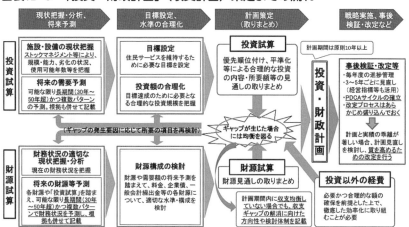

（出所）　総務省「公営企業の経営改革推進に向けた重点施策に関する説明会」（平成31年4月24日
　　　　開催）資料2-1　P19より抜粋

の経費についても考慮し、「投資・財政計画」の取りまとめを行います。

　「投資・財政計画」の取りまとめに際して、資金繰りに支障が生じないように、事業の特性、個々の団体・事業の普及状況、施設の老朽化状況、経営状況等を踏まえることが必要です。よって、資金管理及び資金調達について適正かつ効率的に行うことが求められます。

　また、「経営戦略」は、計画を策定したことをもって終わりというものではなく、毎年度進捗管理（モニタリング）を行うとともに、3〜5年ごとに見直し（ローリング）を行い、PDCAサイクルを働かせることが必要となります。

　これら、一連の流れが経営戦略策定の全体像となります（**図表12-5**）。

2．経営戦略の策定のポイント
（1）　経営状況の的確な把握
　経営戦略の策定にあたり、まずは自らの経営状況を的確に把握するこ

とが重要です。現在の公営企業の置かれている現状を良く理解し認識することで、解決しなければならない課題を真摯に受け止めることが可能となります。

　それでは、具体的にはどのように自らの経営状況を把握することができるのでしょうか。

　総務省「公営企業の経営にあたっての留意事項について」（平成26年8月29日付通知）、「経営戦略策定・改定ガイドライン」（平成31年3月29日通知）では、経営の健全性・効率性、保有する施設の規模・能力や老朽化・耐震化の状況等を把握することが必要とされています。

　経営及び施設の状況を表す経営指標を取りまとめた「経営比較分析表」を活用し、指標の経年変化や類似団体との比較等の分析を行うことが有用とされています。経営比較分析表とは、総務省「公営企業に係る「経営比較分析表」の策定及び公表について」（平成27年11月30日付通知）により、水道事業（簡易水道事業含む）、下水道事業の経営の現状及び課題を的確かつ簡明に把握するために策定が求められているものです。令和元年度現在では、対象事業は工業用水道、電気、バス、駐車場、観光（宿泊）、病院にまで拡大しています。

　このほか、住民・議会への説明の観点から、経営比較分析表以外に補足すべき分析指標を用いることも有用です（**図表12-6**参照）。

　例えば、課題のある経営指標に対して、その計算のもととなる項目の詳細な分析や、住民にわかりやすい給水人口や有収水量の推移、公営企業に所属する職員数の推移等からも経営状況の課題を洗い出すことが考えられます。

　これらは、貸借対照表や損益計算書といった財務情報だけではなく、有収率、施設利用率、基幹管路耐震適合率といった非財務情報をあわせて分析することが重要となります。

図表12-6　水道事業（簡易水道事業含む）、下水道事業の分析指標例

記載箇所	経営の健全性・効率性の視点	施設の規模・能力や老朽化・耐震化の状況等の視点
「経営比較分析表」で示されている分析指標 ※「（　）は下水道事業の特有の指標名」	・経常収支比率、収益的収支比率 ・累積欠損金比率 ・流動比率 ・企業債残高対給水収益比率 　（企業債残高対事業規模比率） ・料金回収率（経費回収率） ・給水原価（汚水処理原価） ・施設利用率 ・有収率（水洗化率）	・有形固定資産減価償却率 ・管路経年化率 ・管路更新率
総務省「公営企業の経営戦略の策定等に関する研究会」報告書（平成26年3月公表）より、上記以外の分析指標	・業務活動CF対企業債残高比率 ・企業債償還額対事業収益比率 ・事業収益対資金残高比率 ・営業収益対経常利益率	・基幹管路耐震適合率 ・更新投資充当可能資金対減価償却累計額比率

（2）　投資計画の策定

①　投資計画の策定の必要性

　現在の公営企業を取り巻く環境のキーワードには、施設や設備の「大量更新」があります。多くの公営企業では、高度経済成長期以降に施設や設備を一斉に整備しました。このような施設や設備には、今後どのくらい使い続け、また、いつ更新投資をすべきかという判断の目安となる耐用年数があります。ここで問題になるのは、施設や設備を一斉に整備

したということは、今後、多くの公営企業において耐用年数を迎えることにより大量の更新投資が一斉に必要になるという点です。施設や設備を更新するためには当然にお金がかかりますので、その財源を確保することが必要です。しかし、現在の公営企業の経営環境の厳しさからすると、何もせずにただ待つだけでは必要な財源の確保は難しい状況といえます。

　このような問題点に対応するためには、計画的かつ合理的な経営を行い、「投資」と「財政」を均衡させることが必要不可欠となります。

②　現状把握・分析と将来予測

	現状把握・分析、将来予測	目標設定、投資の合理化	投資計画の策定
実施事項	○現状供給能力と実際給水量の分析 ○将来的に必要な供給能力の把握 ○更新需要予測	○目標設定 ○投資の合理化	○投資の優先順位付け ○投資の平準化

（a）　投資の現状把握・分析

　前述（1）経営状況の的確な把握で、まずは現在の経営状況を的確に把握することが重要であると説明しました。「投資計画」の策定は、経営戦略の重要な要素ですので、投資の現状について適切に把握することが重要です。また、これができて初めて、投資の将来予測ができるともいえます。

　それでは、具体的にはどのように投資の現状把握をするのか順を追って示します。

　まず、自分が所属する公営企業のサービスの供給能力と、実際の供給量とのギャップがどのくらいあるのかを知ることです。例えば、水道事業であれば、現在の供給能力と実際給水量とのギャップについ

て、施設利用率や最大稼動率といった指標を利用することでその
ギャップがなくてはならないものか、または、削減すべきものかと
いったことを把握します。

　また、今後の大量更新を見越して、現在の施設や設備の老朽化の度
合いがどのくらいあるのかを知ることも現状把握としては重要です。
たとえば、水道事業であれば、管路の老朽化度合いや更新の状況につ
いて、管路経年化率や管路更新率といった指標を利用することで、他
の類似団体よりも老朽化が進んでいることや、更新ペースが遅いこと
などが把握できます。

　なお、このような現状把握に関する指標は、前述(1)経営状況の的
確な把握に記載した「経営比較分析表」に記載されているため、投資
の現状把握の場面においてもこれを参照することが有用と考えられま
す。

(b)　投資の将来予測

　投資の現状が把握できたら、次は投資の将来予測を考えます。ポイ
ントは「将来的な投資の需要」と「それに必要な供給能力」です。

　まず、「将来的な投資の需要」については、例えば水道事業におい
ては人口減少と節水トレンドによる水需要の減少といったことが一例
として考えられます。

　このトレンドを前提にすると、「将来的な投資の需要」についても、
水需要の減少を通じた投資規模の縮小が必要になるものと考えます。
また、「それに必要な供給能力」についても、水需要の減少により配
水池や浄水場の供給能力が過剰になると考えます。

　以上のように、「投資の将来予測」をする場合には、各公営企業に
おける投資の現状把握・分析で認識された課題が大きく影響してくる
ということが理解できるでしょう。

　なお、事業によっては、経営戦略の計画期間である10年間に大量の
更新投資に直面しない事業もありますが、いずれは更新投資を行わな

ければならないことから、将来予測にあたっては、可能な限り長期間
（30年〜50年超）の推計や高位・中位・低位などの複数パターンでの
推計が重要です。

③　目標値設定、投資の合理化

現状把握・分析、将来予測	目標設定、投資の合理化	投資計画の策定
実施事項 ○現状供給能力と実際給水量の分析 ○将来的に必要な供給能力の把握 ○更新需要予測	○目標設定 ○投資の合理化	○投資の優先順位付け ○投資の平準化

（a）　目標設定

　　漫然とした将来予測をしないためには、自らが所属する公営企業に
ついて、将来的にも安定した事業が続けられるかといった視点で考え
てみることが重要です。その際に、具体的に考えるための手段とし
て、目標値を設定することが役立ちます。

　　それでは、目標値の具体例にはどのようなものがあるでしょうか。

　　例えば、水道事業では安全・安心な水を安定的に供給することが可
能となる有収率、管路更新率、管路老朽化率などの指標に着目する方
法があります。このような指標は、投資の現状把握・分析から得られ
た課題を考慮した結果、有収率が他の類似団体と比較して低いため、
これを他の類似団体と同様の水準にするといった目標設定をする方法
があります。また、管路更新率が1.0％を下回っており、このままで
は全ての管路更新に100年以上を要するため、これを管路の実際の耐
用年数を意識した年数になるように目標設定するといった方法が考え
られます。

（b）　投資の合理化

　投資の目標値設定をする際には、現実と大きく乖離した目標値が設定されないようにするために、目標値を設定する段階で「投資の合理化」も検討しておくことが重要です。

　以下、水道事業を例として投資の合理化の考え方を示します。

　投資の将来予測をする際の一例として、水需要の減少により配水池や浄水場の供給能力が過剰になることを示しました。このように過剰となった投資を最適な水準まで削減することも投資の合理化といえます。具体的には、最適な水準にするために施設・設備の廃止・統廃合（ダウンサイジング）といったことを検討します。また、施設・設備について将来需要に応じて性能の合理化（スペックダウン）を検討することもあります。

④　投資計画の策定

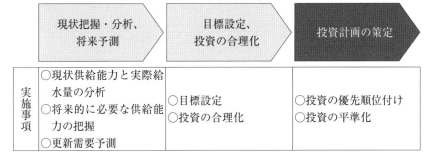

	現状把握・分析、将来予測	目標設定、投資の合理化	投資計画の策定
実施事項	○現状供給能力と実際給水量の分析 ○将来的に必要な供給能力の把握 ○更新需要予測	○目標設定 ○投資の合理化	○投資の優先順位付け ○投資の平準化

　これまでに把握された情報を集約することで、投資計画の策定に必要な情報が揃います。この後の策定のステップとしては、まずは「投資の優先順位付け」を行い、その更新投資時期が偏在している場合には「投資の平準化」を行います。

　たとえば、水道事業では「現状把握・分析、将来予測」により、配水池や浄水場の供給能力が過剰であることを把握し、また、「目標設定、投資の合理化」では過剰となっている投資をいかに削減するかといった

ことを検討します。このような情報が揃っていれば、次の段階では、個々の投資について更新投資の必要性や更新時期をいつにすべきか、といった優先順位を検討していくことができます。

　ただし、投資の優先順位が付いたとはいえ、それが財源の確保が可能な投資額になっているとは限りません。この原因としては、更新投資が一定の時期に偏っていることが一例として考えられるので、偏った投資を可能な限り平準化することを検討します。

（3）　財政計画の策定
①　財政計画の考え方

　「経営戦略」策定にあたっては、①「投資計画」の策定を行った後、②「財政計画」の策定という流れが基本的な策定のステップとなります。「財政計画」の策定では、経営戦略の策定において「投資計画」に基づく投資額を達成するために、どのように財源を確保し、どのような財源構成で将来予測を行うのか検討します。

　「財政計画」のポイントは、経営戦略が絵に描いた餅にならないために、実現可能性の観点から策定することです。そのためには、現状・将来分析、財源構成検討、目標設定、財政計画の取りまとめという手順で策定することが必要です（**図表12-7**参照）。

図表12-7　経営戦略の策定ステップ

（出所）　総務省「公営企業の経営戦略の策定等に関する研究会」報告書（平成26年3月公表）
　　　　P144

② 現状把握・分析と将来予測

現状把握・分析、将来予測	財源構成の検討、目標設定	財政計画の策定

実施事項	○現在の財務状況を把握（企業債、繰出金、料金等） ○需要予測を踏まえた経常的な収益・費用予測	○財源構成の検討（企業債、繰出金、料金等の適切な水準・構成） ○目標設定	○財源試算の取りまとめ

(a)　財源の現状把握・分析

　投資計画においても、現在の経営状況を的確に把握することが重要であることは前述しましたが、これは財政計画の策定についても同様です。財政の現状について適切な把握が重要であるとともに、これができて初めて、財源の将来予測が可能となります。

　それでは、具体的にはどのように財源の現状把握をするのでしょうか。

　まず考えることは、どの程度企業債に依存しているか（起債依存度）、収益性はどの程度か、更新投資等への備えとしてどの程度の資金（補てん財源）が確保されているか、を分析し把握することです。

　例えば、水道事業であれば、「経営比較分析表」でいうところの、企業債残高対給水収益比率、経常収支比率、収益的収支比率、流動比率といった分析指標を用いることで他の類似団体等との比較が可能となり、自らの経営状況を把握できます。

(b)　財源の将来予測

　財源の現状を把握したら、次は財源の将来予測を考えます。ポイントは、「需要予測を踏まえた経常的な収益・費用の将来予測」です。

　例えば、水道事業においては人口減少と節水トレンドによる水需要の減少といった収益性の低下が一例として考えられます。このような

トレンドの把握は、「財源の現状把握・分析」により得た情報が参考になります。

　このトレンドを前提にすると、経常的な収益・費用の結果生じる資金（補てん財源）も減少することが想定されます。水道事業のような装置産業の場合、経常的な費用の固変分解を行うと、変動費よりも固定費が高いため、費用の減少幅よりも収益の減少幅の方が大きく、財政負担が増すことが懸念されます。「投資計画」における投資額を負担するためには、資金（補てん財源）では足りず、企業債の発行が必要となることから、将来の起債依存度を推計し、「投資計画」における投資額が負担可能なものであるか世代間負担の公平性の観点からも検討していくことが必要となります。

　なお、財源の試算についても、急激な人口減少の中、中長期の更新投資を含む費用を賄う財源が確保できるのかといった観点から可能な限り長期間（30年〜50年超）かつ複数パターンでの推計が重要です。

③　財源構成の検討、目標設定

	現状把握・分析、将来予測	財源構成の検討、目標設定	財政計画の策定
実施事項	○現在の財務状況を把握（企業債、繰出金、料金等） ○需要予測を踏まえた経常的な収益・費用予測	○財源構成の検討（企業債、繰出金、料金等の適切な水準・構成） ○目標設定	○財源試算の取りまとめ

（a）　財源構成検討

　公営企業の財源構成は、主に企業債、繰入金、料金の３つです。

　このうち、企業債の水準から検討に着手することが一般的です。これは、人口減少下で企業債残高が増加あるいは横ばいだと、将来世代の負担が相対的に増すことから、企業債残高を一定水準以下に抑制す

るべきという考え方に基づきます。

　次に繰入金を検討します。繰入金は総務省の繰出基準を参考としつつ、各公営企業の実情に応じた公費負担の考え方を十分整理することが必要です。また、受益者負担の考え方からその妥当性が問われるため、住民・議会に対して丁寧に説明することが必要となります。

　最後に料金を検討します。やむを得ず料金を改定する場合もあるでしょう。料金改定については第14章で記載していますので、そちらをご参照ください。

(b)　目標設定

　財源の将来予測ができたら、次は将来の財源の目標設定を考えます。これは、上述の(a)で説明したように、財源構成は企業債、繰入金、料金の順で検討することから、目標設定も当該順序で検討します。ポイントは企業債残高を一定水準以下に抑制することです。よって、企業債の発行割合（充当率）を決定し、例えば、水道事業における企業債残高対給水収益比率等の企業債残高水準を示す指標が、一定水準以下で推移していることが望ましいです。

　また、繰入金もいたずらにその額を増やすのではなく、独立採算制の基本原則のもと、自らの経営状況を踏まえながら、目標値を設定していくことが必要です。

④　財政計画の策定

現状把握・分析、将来予測	財源構成の検討、目標設定	財政計画の策定
実施事項	○現在の財務状況を把握（企業債、繰出金、料金等） ○需要予測を踏まえた経常的な収益・費用予測	○財源構成の検討（企業債、繰出金、料金等の適切な水準・構成） ○目標設定	○財源試算の取りまとめ

これまでに把握された情報を集約して「財政計画」を策定します。

（4）「投資計画」と「財政計画」の整合性検証

最終的に、「投資計画」と「財政計画」の整合を図って、「経営戦略」として取りまとめていく必要があります。

ここで「投資計画」と「財政計画」にギャップが生じている（投資に必要な財源を確保できない）場合には、このギャップを解消します。そのためには**図表12-8**のように、投資試算と財源試算の両面から均衡点を探る必要があります。なお、経営戦略策定の担当部局のみで決めるのではなく、公営企業の技術担当部局や一般会計の企画、財政部局をはじめとする関係部局との連携、住民、議会への十分な説明が重要です。

また、**図表12-9**の通り、必要な更新投資を行わず後回しにすることは、結果的に世代間負担の差を拡大することとなるため、将来を適切に見通して更新投資実施の平準化を行うことが、世代間負担のみならず、経営健全化の観点からも重要となります。

図表12-8　投資試算等と財源試算の整合性検証

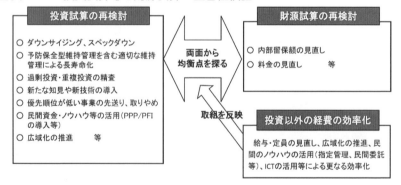

（出所）　総務省「地方公営企業・第三セクター等に関する関係通知等の説明会資料」（平成26年9月
　　　　12日開催）資料2-1　P4より抜粋

図表12-9　自己資金の確保について

世代間負担	経営健全化
○ 公営企業は、資金が残るということは現世代が負担しすぎであるかのように見える。 ○ 一方で、その原因は、減価償却費の小ささや更新投資の先送りの影響も想定されるため、自己資金が残ることのみをもって料金値下げを安易に行ってはいけない。 ○ 自己資金の残高(内部留保)が多いことだけを根拠に料金値下げを行うことは、将来の莫大な更新投資を想定した場合、更新実現性を毀損する可能性もある。そのため、必ずしも自己資金の残高が多いことが世代間負担の公平に反するとは言えない。	○ 将来の更新投資資金は、補助金等の特定財源を除いたものは、利用する世代が負担することが適当とした場合、全額起債で賄うことが考えられる。 ○ 一方、将来の莫大な更新投資を想定した場合、全額起債で賄うことは起債残高の大幅な増加を招くことが見込まれるため、現実的ではない。 ○ 従って、一定程度自己資金を確保し、しかるべき更新投資に充てることは認められるべきである。 ○ 換言すれば、実際に投資のタイミングで資金が確保されるわけでないため、一定程度自己資金を確保することは、経営健全化の観点からも合理的である。

自己資金の確保方法	**資産側 現金預金が残った場合** ①現金預金のまま置く ②基金に積み立て、③投資として運用 **資本側 利益が生じた場合** ①建設改良積立金や更新積立金として処分、②減債積立金として処分、③処分しない
留意事項	更新投資のための自己資金について理解を深めるため、能率的な経営を行うことはもとより、今後の合理的な更新投資の状況も含めた経営見通しの提示、確保した自己資金の使用目的や使用時期などを的確に説明することが重要である。

(出所)　総務省「公営企業の経営戦略の策定等に関する研究会」報告書（平成26年3月公表）
　　　　P154より抜粋

（5）　経営戦略のモニタリング

　「経営戦略」は、計画を策定したことで終わりというわけではありません。「投資計画」と「財政計画」の目標設定が実態と合致していないことにより、当初の「経営戦略」の将来予測と実績との間に乖離が生じることや、経営環境が変化することにより、「経営戦略」を策定した際の前提が成り立たなくなることも起こり得ます。そのため、毎年度進捗管理（モニタリング）を行うとともに、3～5年に一度見直し（ローリング）を行うことが必要となります。

　見直しにあたっては、「経営戦略」の達成度を評価し、「投資・財政計画」を構成する「投資試算」・「財政試算」と実績との乖離を分析し、その結果を、「経営戦略」に反映させるPDCAサイクル（「計画策定（Plan）→実施（Do）→検証（Check）→見直し（Action）」）を働かせることが必要です。

　実績との乖離が著しい場合は、将来予測方法の見直しや「収支ギャップ」の解消に向けた抜本的な取組みについて検討することも必要となり

ます。また、「経営戦略」策定後において新たな経営健全化や財源確保に係る取組みが具体化した場合等においては、その内容を「経営戦略」に追加することもあります。

　評価の過程で学識経験者や地域住民等の参画により評価結果の客観性を担保することや、評価結果を予算編成等に反映することで、より実効性のある「経営戦略」につなげることができます。

　あわせて各種の経営指標等を活用し、類似団体との経営状況を比較することで、経営効率化・経営健全化を図ることも望まれます。

第13章 | 地方公営企業法の適用の概要

本章のテーマ

- 法の適用が要請されている背景や要請内容を理解しましょう。
- 法適用の準備の概要を理解しましょう。

第1節 法の適用とは

1．法の適用推進について

　第1章でご説明した通り、公共下水道事業や簡易水道事業等は法の任意適用事業に該当し、現在、総務大臣通知により法の適用が推進されています。ではなぜ、法の適用が推進されているのでしょうか？

　総務大臣通知では、次のように推進の理由が述べられています。

　「公営企業を取り巻く経営環境は、急速な人口減少等に伴うサービス需要及び料金収入の減少や施設等の老朽化に伴う更新需要の増大等により、急速に厳しさを増しています。

　こうした中で、公営企業が必要な住民サービスを将来にわたり安定的に提供していくためには、公営企業会計の適用により、資産を含む経営状況を比較可能な形で的確に把握した上で、中長期的な視点に基づく経営戦略の策定等を通じ、経営基盤の強化と財政マネジメントの向上等に取り組んでいくことが求められます。特に、将来にわたり持続可能なストックマネジメントの推進や適切な原価計算に基づく料金水準の設定は、今後の公営企業の基盤強化に不可欠な取組であり、これらの取組を進めるためには、公営企業会計の適用により得られる情報が必須となります。また、広域化、

民間活用等の抜本的な改革の推進に当たっても、公営企業会計に基づく財務情報を関係者間で共有することが有効です。」(「公営企業会計の適用の更なる推進について」(平成31年1月25日付総務大臣通知))

つまり、各公営企業において、今後施設・設備の老朽化による更新投資によるお金が必要となる一方、人口減少等に伴う料金収入の減少が見込まれており、このような状況において、いまどの程度の財産があるのか、経営成績はどうなのか、そして今後いくらお金が必要となるか(適正な料金収入をいくらにすればよいか)を把握する必要があるのです。

2. 法適用のスケジュール及び取組み状況

総務大臣通知においては、特に法の適用が必要な事業として、資産の規模が大きく、住民生活に密着したサービスを提供する下水道事業及び簡易水道事業を重点事業と位置付けられ、推進が図られています。

図表13-1

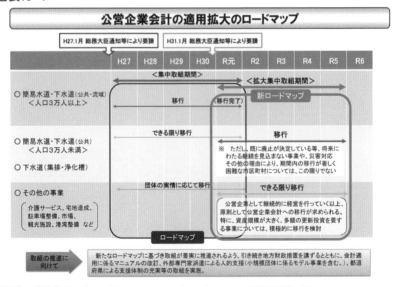

(出所) 総務省 HP。https://www.soumu.go.jp/main_content/000668000.pdf

なお、下水道事業及び簡易水道事業の中でも、地方公共団体の規模に応じてその移行期間に差が設けられています。

　平成27年１月における総務大臣通知等による要請においては、人口３万人以上（平成22年国勢調査による人口）の団体については、平成27年度から平成31年度までの５年の集中取組期間内に移行することが必要とされ、人口３万人未満の団体についても同期間内にできる限り移行することとされ、推進が図られてきました（**図表13-1**参照）。

　平成30年４月１日時点における取組状況については、人口３万人以上の団体のうち、半分程度は適用済で、残りの大半についても取組中の状況であり、適用済または取組中の団体の割合は、下水道事業（公共下水道及び流域下水道）において99.4％、簡易水道事業において95.8％となっています（**図表13-2**参照）。一方、人口３万人未満の事業については、適用済または取組中の団体は、下水道事業（集落排水、浄化槽を含む）において27.6％、簡易水道事業において42.9％となっています（**図**

図表13-2

人口3万人以上の団体　　(単位：団体)

	下水道事業（※1）		簡易水道事業（※3）
	団体数（構成比）	公共下水道事業及び流域下水道事業（※2）	団体数（構成比）
① 適用済	370 (44.8%)	370 (45.5%)	201 (64.6%)
② 適用に取組中	440 (53.3%)	439 (53.9%)	97 (31.2%)
小計（①＋②）	810 (98.1%)	809 (99.4%)	298 (95.8%)
③ 検討中	8 (1.0%)	5 (0.6%)	13 (4.2%)
④ 検討未着手	8 (1.0%)	0 (0.0%)	0 (0.0%)
合計	826 (100.0%)	814 (100.0%)	311 (100.0%)

人口3万人未満の団体　　(単位：団体)

	下水道事業（※1）	簡易水道事業（※3）
	団体数（構成比）	団体数（構成比）
① 適用済	82 (10.0%)	194 (33.3%)
② 適用に取組中	143 (17.5%)	56 (9.6%)
小計（①＋②）	225 (27.6%)	250 (42.9%)
③ 検討中	308 (37.7%)	135 (23.2%)
④ 検討未着手	283 (34.7%)	198 (34.0%)
合計	816 (100.0%)	583 (100.0%)

（※1）公共下水道事業（特定公共下水道事業及び特定環境保全公共下水道事業を含む。以下同じ。）、流域下水道事業、農業集落排水施設事業、漁業集落排水　施設事業、林業集落排水施設事業、簡易排水施設事業、小規模集合排水処理施設事業、特定地域生活排水処理施設事業及び個別排水処理施設事業をいう。

（※2）「公営企業会計の適用の推進に当たっての留意事項について」（平成27年1月27日付け総務省自治財政局長通知）において、「都道府県及び人口3万人以上の市区町村については、下水道事業（公共下水道（特定環境保全公共下水道及び特定公共下水道を含む。）及び流域下水道）（中略）について集中取組期間内に移行することが必要である」としている。

（※3）簡易水道事業については、上水道事業への統合の取組も公営企業会計適用の取組として集計している（例えば、H26.4.1以降、既に上水道事業へ統合した場合は「①適用済」、上水道事業への統合に取り組んでいる場合は「②取組中」として整理している。）。

┊上記の取組状況調査結果については、総務省HPにおいて公表している。http://www.soumu.go.jp/main_sosiki/c-zaisei/kouei_kaikei.html┊

（出所）　総務省「公営企業の経営改革推進に向けた重点施策に関する説明会」（平成31年４月24日開催）」資料３-１「公営企業会計の適用拡大について」P５より抜粋

表13-2参照）。また、重点事業とされなかったその他の事業においても、全体平均で法適用済の事業は8.6％と重点事業と比較すると低い水準になっています（**図表13-3**参照）。

　そこで、新たに平成31年1月に公表された総務大臣通知等による要請においては、平成35年度（令和5年度）までの拡大集中取組期間が設けられました。人口3万人未満の団体の重点事業と人口3万人以上の団体も含む下水道事業（集排・浄化槽）は、拡大集中取組期間において「できる限り移行」から、原則として「移行」に、その他事業においても、「できる限り移行」することが要請されています。
　なお、新たなロードマップ（**図表13-1**参照）公表後に行われた平成31年4月1日時点の取組状況調査では、人口3万人以上の団体について、下水道事業（公共下水道及び流域下水道）は99.5％が適用済または

図表13-3

公営企業会計適用の取組状況（重点事業以外）

出典　平成28年度地方公営企業年鑑（決算状況調査）

○　法適用事業の割合が最大で13.1％（観光施設事業）、全体平均で8.6％となっており、重点事業における取組状況と比べて取組の進捗が遅れている。

○　港湾整備事業、駐車場事業及びと畜場事業については、絶対数としての会計適用事業の実績が少なく（10事業未満）、会計適用の意義・効果等が浸透していない可能性がある。

事業名	事業合計	法適用 事業数（構成比）	全部適用（構成比）	一部適用（構成比）	非適用 事業数（構成比）
観光施設事業	290	38 （13.1%）	14 （36.8%）	24 （63.2%）	252 （86.9%）
宅地造成事業	427	44 （10.3%）	24 （54.5%）	20 （45.5%）	383 （89.7%）
市場事業	161	14 （8.7%）	1 （7.1%）	13 （92.9%）	147 （91.3%）
港湾整備事業	97	8 （8.2%）	0 （0.0%）	8 （100.0%）	89 （91.8%）
介護サービス事業	557	45 （8.1%）	12 （26.7%）	33 （73.3%）	512 （91.9%）
駐車場整備事業	220	6 （2.7%）	4 （66.7%）	2 （33.3%）	214 （97.3%）
と畜場事業	57	1 （1.8%）	0 （0.0%）	1 （100.0%）	56 （98.2%）
有料道路事業	1	0 （0.0%）	0 （0.0%）	0 （0.0%）	1 （100.0%）
合計	1,810	156 （8.6%）	55 （35.3%）	101 （64.7%）	1,654 （91.4%）

※建設中、想定企業会計分は「非適用事業数」に含めている。
※法適用事業の割合が高い事業順に列挙している。
※上記のほか、その他事業（廃棄物等処理施設、診療所等）として分類される法適用事業が48事業ある（非適用事業は、調査対象外）。

（出所）　総務省「公営企業の経営改革推進に向けた重点施策に関する説明会（平成31年4月24日開催）」資料3-1「公営企業会計の適用拡大について」P6

取組中となっており、簡易水道事業では97.7%が適用済または取組中となっています（**図表13-4**参照）。

図表13-4

表1　簡易水道事業※1

(単位　団体・%)

		人口3万人以上			人口3万人未満		全団体	
		H31.4.1時点	R2.4.1までに適用	H30.4.1時点	H31.4.1時点	H30.4.1時点	H31.4.1時点	H30.4.1時点
① 適 用 済		219 (70.9%)	219 (70.9%)	201 (64.6%)	205 (35.1%)	195 (33.4%)	424 (47.5%)	396 (44.2%)
② 適 用 に 取 組 中		83 (26.9%)	78 (25.2%)	97 (31.2%)	63 (10.8%)	56 (9.6%)	146 (16.3%)	153 (17.1%)
小 計		302 (97.7%)	297 (96.1%)	298 (95.8%)	268 (45.9%)	251 (43.0%)	570 (63.8%)	549 (61.3%)
③ 検 討 中		7 (2.3%)	−	13 (4.2%)	208 (35.6%)	135 (23.1%)	215 (24.1%)	148 (16.5%)
④ 検 討 未 着 手		0 (0.0%)	−	0 (0.0%)	108 (18.5%)	198 (33.9%)	108 (12.1%)	198 (22.1%)
合 計		309 (100%)	−	311 (100%)	584 (100%)	584 (100%)	893 (100%)	895 (100%)
(参考)合計 (統合・廃止確定等を含む)		314	−	315	590	590	904	905

※1　簡易水道事業については、上水道事業への統合に伴う公営企業会計適用の取組も集計している。

表2　下水道事業※2

(単位　団体・%)

		人口3万人以上				人口3万人未満		全団体	
		公共下水道事業及び流域下水道事業			その他の下水道事業	H31.4.1時点	H30.4.1時点	H31.4.1時点	H30.4.1時点
		H31.4.1時点	R2.4.1までに適用	H30.4.1時点	H31.4.1時点				
① 適 用 済		489 (60.0%)	489 (60.0%)	370 (45.4%)	197 (40.7%)	120 (14.8%)	82 (10.0%)	610 (37.2%)	452 (27.5%)
② 適 用 に 取 組 中		322 (39.5%)	321 (39.4%)	439 (53.9%)	158 (32.6%)	160 (19.7%)	143 (17.5%)	482 (29.4%)	583 (35.5%)
小 計		811 (99.5%)	810 (99.4%)	809 (99.3%)	355 (73.3%)	280 (34.5%)	225 (27.6%)	1,092 (66.6%)	1,035 (63.0%)
③ 検 討 中		4 (0.5%)	−	6 (0.7%)	76 (15.7%)	410 (50.5%)	308 (37.7%)	418 (25.5%)	316 (19.2%)
④ 検 討 未 着 手		0 (0.0%)	−	0 (0.0%)	53 (11.0%)	122 (15.0%)	283 (34.7%)	130 (7.9%)	291 (17.7%)
合 計		815 (100%)	−	815 (100%)	484 (100%)	812 (100%)	816 (100%)	1,640 (100%)	1,642 (100%)
(参考)合計 (統合・廃止確定等を含む)		819	−	819	506	819	819	1,650	1,650

※2　下水道事業は、公共下水道事業（特定公共下水道事業及び特定環境保全公共下水道事業を含む。以下同じ。）、流域下水道事業、農業集落排水施設事業、漁業集落排水施設事業、林業集落排水施設事業、簡易排水施設事業、小規模集合排水処理施設事業、特定地域生活排水処理施設事業及び個別排水処理施設事業をいう。

（出所）　総務省「公営企業会計適用の取組状況（平成31年4月1日時点)」P1より抜粋

第2節　経営成績、財政状態の見える化

第2節では、法を適用することによるメリットをみていきます。

1. 経営成績、財政状態の見える化によるメリット

第12章で述べたように、今後我が国では人口減少による料金（使用料）収入等の減少、将来の大規模更新投資による支出増への対応が必要となります。これらの環境の変化へ対応し、公営企業の本来の目的である「地方自治の発達に資すること」を達成するために、法を適用することで、第2章第1節で掲げたメリットを享受できると考えられます。

（1） 損益情報・財政状態の把握による適切な経営方針・経営計画の策定

官庁会計では、歳入・歳出という現金の流入と流出を把握するにとどまっています。これは、官庁会計の本来の目的が、税収に基づく予算主義によるものであり、予算の執行状況を把握するためには、現金収支に着目することが合理的だからです。しかし、公営企業においては、料金収入に基づく効率的な運営が求められるため、予算主義のみで管理を行うことは必ずしも好ましくありません。

そこで、より効率的な運営を行うために、法を適用することが有効となり、特に財務規定等を適用することにより、取引の性質に着目し、恒常的な管理運営に係る取引（損益取引）と建設改良等の資産形成に係る取引（資本取引）を区分することが可能になります。

取引を区分することにより、毎年度の損益情報と、資産、負債及び資本の財政状態が適切に把握できるようになります。すなわち、損益情報から使用料対象原価の把握がより正確に行えるようになり、財政状態から資産の価値が把握できることから、使用料の改定や将来の更新投資のスケジュールに有用な情報が提供され、適切な経営方針や経営計画の策定が可能になると考えられます。

（2） 企業間での経営状況の比較

財務規定等を適用することにより、各段階の損益（営業損益、営業外損益、当年度純損益）が把握されることや、ストック情報として資産や

負債の規模が把握できることから、多面的に他の公営企業との比較が可能となります。

　このように、比較可能性が高まることにより、各公営企業が経営成績や財政状態をより正確に評価・判断することが可能となります。

（3）　経営の自由度向上による経営の効率化とサービス向上

　公営企業の財務規定等には、予算の弾力条項があり、一定の要件のもと予算を超える支出が可能となっており、法非適用の公営企業より広範なものになっています（第4章第4節参照）。また、法の全部を適用する場合は、一部を除き権限が首長から公営企業管理者に移るため、より機動性をもった意思決定が可能になります。

　そのため、法を適用することにより、経営の自由度が高まり、効率的な経営と公共サービスの向上が期待されます。

（4）　住民や議会によるガバナンスの向上

　法の適用により作成される貸借対照表、損益計算書及びキャッシュ・フロー計算書は、民間企業の様式とほぼ同一であることから、民間企業の会計に慣れた方であれば議員や住民にとっても理解しやすいものとなっています。

　また、出納整理期間がないため、官庁会計に比べて3ヶ月早く決算書が提出されることから、よりタイムリーに公営企業の財政状態や経営成績を把握することが可能になります。

　なお、法第30条に基づき議会へは決算書が提出され、住民にも決算の要領を公表することになっていますが、よりガバナンスの向上を図るためには、ホームページ等を使って住民にも広く予算書・決算書を公表することが有用です。

第3節　法適用の準備

　法を適用するには、具体的にどのような準備が必要でしょうか。マニュアルにおいて法適用の手順の全体像が示されています（**図表13-5**参照）。このうち、上部に示したの移行事務の準備を詳しくみていきます。

1．移行事務の準備の全体像

　移行事務の準備にあたり、事前に必要となる検討事項は、総務省において**図表13-6**に示されています。

　法適用の移行事務は広範な分野にわたり、一定程度の期間を要します。マニュアルによれば、平均的に3年程度とされていますが、資料の保管状況等により移行事務に要する時間は異なるため、まず移行年月日

図表13-5

法適用事務の全体像

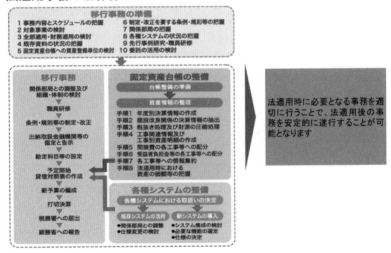

（出所）　総務省HP　「地方公営企業法の適用に関するマニュアル（平成31年3月改訂版）」を基に作成

図表13-6

移行事務の準備③

○ 法適用のスケジュールを決めるに当たっては、次の9項目について事前に検討する必要がある。

2.対象事業の検討
- 事業等の背景や特性、組織・体制等のあり方に配慮し、法適用する対象事業を決定する必要がある。
- 同一団体内で複数の類似した事業を行っている場合には、それらを一体的に法適用するのか、事業ごとに法適用するのかを決定する必要がある。

3.全部適用・財務適用の検討
- 法適用に当たり、全部適用とするか、財務規定等のみの適用とするか選択する必要がある。
- 全部適用と財務適用の相違点は、組織体制、職員の身分、事務執行体制上等で生じる。

4.既存資料の状況把握
- 固定資産台帳の整備を行うため、過去に作成された決算資料等の保存状況等を把握する必要がある。
- 資料の保存具合によって、資産情報の整理のための事務量等が変わる。紙ベース又はデータで、どの資料が、どの期間分、どの場所にあるかを把握しておく。

5.固定資産台帳への資産登録単位の検討
- 固定資産台帳を整備にあたり、保有する資産をどのような単位で固定資産台帳に登録していくか、事前に検討する必要がある。
- 資産の登録単位については、基本的に「①固定資産の種別及び取得年度に応じた単位」＋「②自らの固定資産の実情、老朽化等を把握するために必要な単位」とすることが標準となる。（次ページ参照）

6.制定・改正を要する条例・規制等の把握
- 法適用により様々な条例・規制等の制定・改正が必要となる。
- 全部適用か財務適用かにより、制定・改正を要する条例・規制等は異なるため、制定・改正が必要な条例・規制等をリスト化するなどして、事前に把握しておくことが必要。

7.関係部局の把握
- 法適用により、現行の条例・規則や経理方法等が大幅に変わるため、担当部局だけではなく、関係部局とも様々な調整を行う必要がある。
- 円滑に移行事務を行うためには、各事務の担当者とその役割を明確にし、調整時期等を把握しておく必要がある。

8.各種システムの状況の把握
- 法適用前に既存の各種システムの把握とそれらの法適用後の運用について検討が必要。導入までに相当な期間を要する可能性がある。
- 水道事業などで使用しているシステムがあれば、費用面・効率面からそのシステムの活用、又は一部仕様の変更を検討する。

9.先行事例研究・職員研修
- 既に法適用を実施した他の地方公共団体の事例を研究し、これを活用することが効率的。
- また、担当職員の公営企業会計に関する知識が必要のため、その実施方法や研修メニューについて、あらかじめ検討しておくことが有用。

10.委託の活用の検討
- 会計処理の変更や資産情報の整理については、資料の把握や整理事項が多岐に及ぶことから、業務委託を活用するのも一つの手法。
- 作業のすべてを委託する場合、費用が多額となることから、職員で対応する部分と委託を行う部分を仕分けすることが重要。
- 仕分けなどを踏まえ、委託を活用する場合、委託料を予算化する必要が生じる。

（出所）　公営企業の経営改革推進に向けた重点施策に関する説明会（平成31年4月24日開催）資料
3-2「地方公営企業法の適用に関するマニュアル（平成31年3月改訂版）について」P14

（法適用日）を決定し、先行事例の団体等を参考にしながら、計画的にスケジュールを作成する必要があります。

2．移行事務の手順
（1）　対象事業の検討

　団体の内部で、複数の法非適用事業がある場合、どの事業に法を適用するか決定する必要があります。第1節で記載した総務大臣通知等では重点事業である下水道事業（公共下水道、流域下水道、集落排水、浄化槽）、及び簡易水道事業は移行が要請されており、その他の事業はできる限り移行が必要とされていますので、可能な限り全ての事業を移行対象に含めることが望ましいと考えられます。

　なお、総務省の研究会では法の改正も含め法適用範囲の再検討が行われているため、今後の動向の注視が必要です（**図表13-7**参照）。

図表13-7　総務省の研究会の動向

「人口減少社会等における持続可能な公営企業制度のあり方に関する研究会」主な論点（抜粋）資料3-1

《地方公営企業法を適用する範囲》

○　公営企業会計の適用拡大の進捗状況を踏まえ、地方公営企業法の適用を義務付ける対象事業の範囲の拡大について、検討を行う必要があるのではないか。

- 上記の検討に当たっては、特に、全国的に事業数が少ない事業や、民間代替性が高い事業等について、その経営の実態や、地方公共団体の関与のスタンス等を十分に把握することが必要ではないか。

- また、地方公営企業法の適用に当たり、各公営企業においては、法の規定の全部適用又は一部適用（財務規定等）のいずれかを選択することとなるが、その検討に資する観点から、財務規定等以外の規定についても、制度の活用状況等を検証すべきではないか。

○　上記の検討に当たっては、地方公営企業法に新たに位置付ける制度との関係も踏まえるとともに、地方財政法等における特別会計設置義務の対象事業の範囲や公営企業債を発行可能とする事業の範囲、地方公共団体の財政の健全化に関する法律における経営健全化計画を策定すべき事業の範囲との関係のあり方についても、併せて検討すべきではないか。

（出所）　総務省　「人口減少社会等における持続可能な公営企業制度のあり方に関する研究会　第2回（令和元年6月13日）」資料3　P1（枠は筆者が追記）

（2）　全部適用・財務適用の検討

　第1章で記載した通り、任意適用事業は法の全部適用か財務規定等のみを適用するかを決定する必要があります（後者を、以降、「財務適用」という）。両者の違いは組織規定が含まれているか否かです。そのため、いずれを適用するかによって、組織体制が異なります。

　財務適用では法の組織規定が適用されないため、職員の管理権は首長に属するのに対し、全部適用では組織規定の適用があるため、職員の管理権は管理者等に属します（法第15条第2項）。

　図表13-8左図のように、財務適用では、首長の下に一般会計等に配属された職員と取扱いは法において区分されていません。一方、全部適用では、右図のように、職員の取扱いが法により設けられています。

　この違いにより、**図表13-9**、**図表13-10**のように全部適用と財務適用において、職員の身分や事務執行体制に相違点があるため、事業の実情にあわせてどちらを適用するかの検討が必要です。

図表13-8

＜財務適用＞		＜全部適用＞	
首長		首長	管理者
一般会計等	公営企業	一般会計等	公営企業
職員		職員	職員 （公営企業）
組織の区分なし		組織として区分	

図表13-9　任意適用事業における全部適用と財務適用の比較

項目	全部適用	財務適用
適用される規定	・法の全ての規定	・法第3条～第6条、第17条～第35条、第40条～第41条、附則第2項、第3項（財務規定等）
会計方式	・法の財務規定等に基づき、一般会計等と異なる企業会計方式により財政状況を把握する。	・同左
組織体制	・原則として管理者を設置する。ただし、条例の定めにより管理者を置かないことができる（法第7条）。その場合の管理者の権限は長が行う（法第8条第2項）。 ・管理者は、職員の任免、予算原案の作成、決算の調製、契約、出納その他の会計事務の執行等、地方公営企業の業務の執行に関する権限を有し、自らの判断と責任において事業運営を行う（法第9条）。ただし、一部の権限（予算調製、議案提出、決算審査等）は長に留保される（法第8条第1項）。	・管理者の権限は地方公共団体の長が行う。ただし、管理者の権限のうち出納その他の会計事務及び決算に係るものについては、その全部又は一部を会計管理者に委任できる（法第34条の2）。
職員の身分	・企業職員として、管理者の権限の属する事務の執行を補助する（法第15条）。 ・地方公営企業労働関係法の適用を受ける（法第36条）。 ・地方公務員法が一部適用除外となり、労働組合法、最低賃金法、労働基準法の一部が適用対象となる（法第39条第1項）。	・一般会計部門の職員と同様に地方公務員法の適用を受ける。

（出所）　総務省「地方公営企業法の適用に関するマニュアル（平成31年3月改訂版）」P41より抜粋

図表13-10　事務執行体制の比較

項目	全部適用		財務適用	
	管理者設置 【法第7条】	管理者非設置 【法第7条ただし書】 【法第8条第2項】	会計事務等を会計管理者に行わせない場合	会計事務等を会計管理者に行わせる場合
人事給与、契約等 【法第15条】	管理者	管理者としての長	首長としての長	首長としての長
出納及び会計事務 【法第27条】 【法第28条】	管理者 （→企業出納員）	管理者としての長 （→企業出納員）	首長としての長 （→企業出納員）	会計管理者 （→出納員）
予算調製 【法第24条】	首長としての長 （管理者が原案作成）	首長としての長 （管理者としての長が 原案作成）	首長としての長	首長としての長
決算調製 【法第30条】	管理者	管理者としての長	首長としての長	会計管理者

（出所）　総務省「地方公営企業法の適用に関するマニュアル（平成31年3月改訂版）」P42より抜粋

　全部適用か財務適用かは、特に組織体制に影響を与えることから、関係部局との調整時間に影響し、一般的には全部適用の方が時間がかかります。また、条例・例規整備においても全部適用の方が制定・改正する条例・例規が多くなるため、一般的に時間がかかります。

　両者の違いと法適用のスケジュールへの影響を踏まえて、決定する必要があります。

（3）　固定資産台帳整備の準備（既存資料の状況把握含む）

　固定資産台帳に記載する資産情報の整備にあたっては、まず以下のような準備を行います。

① 整備スケジュールの作成

　最初に、定められた期日に円滑に法適用を行うための固定資産台帳の整備スケジュールを作成します。固定資産台帳は、法適用の期日までに整備されれば良いというものではもちろんありません。法適用のためには、法適用初年度の予算を編成し、議会の議決を経る必要がありますが、この予算の説明書には法適用初年度の予定貸借対照表等が含まれています。つまり、法適用初年度の予算編成スケジュールを踏まえ、予算原案の作成に間に合うよう固定資産台帳のデータを整備する必要があります。

　また、固定資産台帳データから得られる将来の減価償却費等の見込を、将来の経営成績や財政状態の推計に活用するなど、法適用以前においても、固定資産データを事業の将来像の検討に用いたり、事業のフルコストを算定して料金改定の必要性を検討する場合等には、それらの取組みの前に固定資産台帳の整備が行われる必要があります。

② 整備に係る業務体制の検討

　固定資産台帳の整備は、非常に手間のかかる作業であり、また公営企業会計に係る一定程度の知識も必要になります。このため、人員配置や予算の確保など、整備を進めるための体制の整備が重要です。

　例えば、庁内の人員のみで整備を行う場合には、その整備スケジュールを踏まえつつ、公営企業の経験を有する職員を配置する、人員を増員する等の対応が必要となります。庁内の人員が不足しているなどの状況であれば、整備作業を外部に委託することも考えられます。この場合はもちろん必要な予算の確保が必要となりますが、それだけではなく、委託先に適切な指示を行い、また委託先の業務の成果物が適切であるかをチェックする必要などが生じることから、やはり公営企業会計について十分な知識を有する職員を配置することが重要になります。

③ 決算書等の各種資料の収集

固定資産台帳の整備にあたっては、さまざまな資料が必要となります（**図表13-11**参照）。

これらの資料は、固定資産台帳の整備水準によって必要なものと必ずしも必要でないものが異なってくることとなります。また、資料を収集しようとすると、必要と考えていた資料が現存していない、発見できないことも考えられます。このような場合には、利用可能な資料に基づき整備水準を定めていくことも考えられます。また、決算書のような法定資料については、所管部署では保管していなくても、財政担当部署や議会事務局、監査委員事務局等で保管しているケースも考えられます。

図表13-11 把握すべき既存資料

	把握対象資料	使用目的	備考
決算関係資料	1 決算書及び附属資料（事業開始以降）	年度別決算情報(P60)、年度別建設改良決算情報(P61)、年度別建設改良決算情報(税抜き)(P63)の作成	
	2 予算書（直近年度）		法適用前年度は決算が出ていないため、決算書の代わりに使用
	3 消費税等申告関連資料	年度別建設改良決算情報の税抜き処理(P63)	
	4 決算統計資料	決算書の補完	参考資料
工事関係資料	1 工事台帳（事業開始以降）	年度別工事情報の作成(P64)	
	2 設計図書	工事別資産明細情報の作成(P64)	工事台帳の補完資料
資産関係資料	1 下水道台帳等	資産の状況の確認等	他事業はそれに代わるもの
	2 完成図書	資産の状況の確認等	
	3 備品台帳	備品の取得価額等の把握(P55)	
	4 土地台帳	土地の取得価額等の把握(P55)	
	5 受贈資産関連資料	受贈資産の取得価額等の把握(P56)	無償譲渡された資産
	6 無形固定資産関連資料	無形固定資産の取得価額等の把握(P52)	水利権、流域下水道施設利用権など
	7 補助金関係資料	工事関連情報及び工事別資産明細の作成における補助金額の把握(P64)	

（出所） 総務省「地方公営企業法の適用に関するマニュアル（平成31年3月改訂版）」P43より抜粋

以上のような準備作業を経て、実際の整備作業に入ることとなります。

（4）　関係部局との調整事項

　移行事務を行うにあたっては、関係部局との調整が必要となります。関係部局との主な調整事項は**図表13-12**の通りです。多くの項目について関係部局との調整が必要になることがおわかりいただけるかと思います。

　関係部局を早めに把握し、調整すべき事項や時期等について整理する

図表13-12

（出所）　総務省「地方公営企業法の適用に関する簡易マニュアル（平成27年1月）」P13

ことが必要です。

（5）　制定・改正を要する条例・規制等の把握

　条例・例規は全部適用か財務適用かによって制定・改正を要する範囲が異なります（**図表13-13**参照）。これらを把握するために、先行団体のホームページやマニュアルの記載を参照することが有用です。

（6）　システムの整備

　例えば、財務会計システムについては、公営企業会計に対応したシステムに移行することが必要です。また、文書管理システムや例規システムについても仕様変更や更新が必要になる場合もあります。新たなシステムの導入や仕様変更等には時間を要するため、導入までのスケジュールを作成し、計画的に進めていくことが重要です。

（7）　委託の活用の検討

　法適用は複数年に渡るプロジェクトで、かつ広範な知識を必要とします。そのため、先行団体でも委託を活用した事例は多く、一般的には委託を活用することでスムーズに法適用ができます。

　委託業者によって得意な領域が異なることがあるため、法適用の主な業務（固定資産台帳整備、システム整備、条例・例規整備、移行事務支援）を一括発注とするのか、個別に発注するのかなどを検討する必要があります。また、移行事務支援のうち、特に会計に関する支援は法適用全体に関わる業務であるため、法適用の後半の工程であるとは考えずに、当初から支援を受けることが有用です。

図表13-13　制定・改正を要する条例・規則等の例

区分		条例・規則等の名称	根拠法令等	全部適用	財務適用	備考
総則	①	地方公営企業の設置及びその経営の基本に関する事項について定める条例の制定	法第4条	○	○	
	②	管理者を置かず、又は二以上の事業を通じて管理者一人を置く場合、その旨の条例の制定	法第7条ただし書	○		必要がある場合のみ
	③	企業管理規程の制定	法第10条	○		
		・必要な分課の設置に関するもの	法第9条第1号	○		
組織		・企業職員の給与、勤務時間その他の勤務条件に関するもの	法第9条第2号	○		
		・企業の会計事務の処理に関するもの（会計規程）	則第2条	○		
		・入札保証金及び契約保証金の率又は額	令第21条の15	○		
	④	管理者の権限に属する事務を処理させるための必要な組織に関する条例の制定	法第14条	○		
	⑤	任免についてあらかじめ長の同意を必要とする企業の主要な職員を定める規則の制定	法第15条第1項ただし書	○		必要がある場合のみ
	⑥	二以上の事業を通じて一の特別会計とする場合には、その旨の条例の制定	法第17条ただし書	○		必要がある場合のみ
	⑦	予算の調製及び議決	法第24条第2項	○	○	
	⑧	企業の業務に係る公金の出納事務の一部を取り扱わせる出納取扱金融機関及び収納取扱金融機関の指定・告示	法第27条ただし書令第22条の2第3項	○	○	必要がある場合のみ
	⑨	予算で定めなければならない重要な資産の取得又は処分を定める条例の制定	法第33条第2項	○	○	必要がある場合のみ
財務	⑩	職員の賠償責任の全部又は一部の免除のうち議会の同意を得なければならないものを定める条例の制定	法第34条	○	○	必要がある場合のみ
	⑪	企業出納員及び現金取扱員の任命	第28条第2項	○	○	
	⑫	企業の会計事務の処理の特例に関する規則（会計規程に相当するもの）の制定	法第34条の2則第2条		○	
	⑬	入札保証金及び契約保証金の率又は額を定める規則の制定	法第34条の2令第21条の15		○	
	⑭	出納その他の会計事務及び決算の事務の全部又は一部を会計管理者に行わせる場合には、その旨の条例の制定	法第34条の2ただし書		○	必要がある場合のみ
身分取扱	⑮	企業職員の給与の種類及び基準を定める条例の制定	法第38条第4項	○		
雑則	⑯	企業の業務に関する負担附きの寄附又は贈与の受領、地方公共団体がその当事者である審査請求その他の不服申立て、訴えの提起、和解、あっせん、調停及び仲裁並びに法律上地方公共団体の義務に属する損害賠償の額の決定のうち議会の議決すべきものを定める条例の制定	法第40条第2項	○	○	必要がある場合のみ
	⑰	企業の業務状況を説明する書類に関する条例の制定	法第40条の2第1項	○	○	
その他	⑱	企業の資産について再評価を行ったものとみなす場合には、その旨の議会の議決	令附則第9項	○	○	必要がある場合のみ

（出所）　総務省「地方公営企業法の適用に関するマニュアル（平成31年3月改訂版）」P46

第14章 | 抜本的改革について

本章のテーマ

- 水道料金・下水道使用料の法的根拠を理解しましょう。
- 水道料金・下水道使用料を決定する際の考え方の概要を理解しましょう。
- 公営企業における民間活力の活用について概要を理解しましょう。
- 主に水道事業・下水道事業における広域化・共同化について理解しましょう。
- 公営企業の地方独立行政法人化について理解しましょう。

第1節　水道料金・下水道使用料の概要

1．水道料金・下水道使用料の法的根拠

　水道料金・下水道使用料は、地方自治法、水道法、下水道法そのほかさまざまな法令により規定されています。また、法にも料金や使用料に関連する条文がありますが、法を適用するかどうかにより、料金や使用料の性質が変わるわけではありません

図表14-1　料金根拠法令

水道料金	下水道使用料
地方自治法	
地方自治法によれば、地方公共団体は、「公の施設」の利用につき使用料を徴収することができ、また使用料に関する事項について、条例で定めなければなりません（地方自治法第225条、第228条第1	

項）。また、水道及び下水道事業における施設は「公の施設」、すなわち地方公共団体が住民の福祉を増進する目的をもってその利用に供するために設ける施設にあたると解されています（地方自治法第244条第1項）。

よって、水道料金及び下水道使用料は、地方自治法上の使用料にあたり、条例によって定める必要があります。

水道法	下水道法
水道事業者は、料金、給水装置工事の費用の負担区分、その他の供給条件について、「供給規程」を定めなければなりません（水道法第14条第1項）。「供給規程」とは、水道事業者と利用者との給水契約の内容を示すものです。 水道事業は地域独占的な事業であり、利用者は水道事業者が定める供給条件に事実上従わざるを得ないことから、利用者保護のため、定めるべき供給条件を法定し、その内容をあらかじめ明示させているものと考えられます。 なお、水道事業者は、事業開始時には、認可申請書に添付する事業計画書に料金その他の供給条件にかかる事項を記載しなければならず、また、料金を変更したときには、その旨を厚生労働大臣に届け出なければなりません（水道法第7条、第14条第5項）。	公共下水道管理者は、条例で定めるところにより、公共下水道を使用する者から使用料を徴収することができます（下水道法第20条第1項）。 なお、下水道使用料は、水道利用料金と異なり、公共下水道管理者と下水道使用者との間で特段の契約を締結することなく、賦課徴収が行われます。

地方公営企業法（法適用の場合）

地方公共団体は、地方公営企業の「給付」について料金を徴収することができます（法第21条第1項）。ここでいう「給付」とは、「財貨またはサービスの提供」という意味であり、水道及び下水道事業者である地方公共団体は給付に対する対価として水道料金または下水道使用料を徴収することができます。

第2節　水道料金・下水道使用料の決定

1．水道料金・下水道使用料を決定する際の考え方

　水道法は、水道事業者が定める供給規程が備えるべき要件について明示しており、料金については「能率的な経営の下における適正な原価に照らし公正妥当なものであること」と定めています（水道法第14条2項）。

　また、下水道法は、下水道使用料の決定基準について、「能率的な管理の下における適正な原価をこえないもの」と定めています（下水道法第20条第2項第2号）。

　その他、法では、料金について、「公正妥当なものでなければならず、かつ、能率的な経営の下における適正な原価を基礎とし、法の健全な運営を確保することができるものでなければならない」と定めています（法第21条第2項）。

　これら規程は、表現は異なるものの、いずれも以下のような考え方を示していると考えられます。

（1）　公正妥当な料金・使用料

　公正妥当な料金・使用料とは、その料金によって原価を賄い得るものであり、かつ利用者にとっては提供を受けた財貨またはサービスに見合った負担となっているという、事業者、利用者双方の観点からみてバランスのとれたものであるということを意味しています。

　言い換えれば、料金には、独立採算の原則と受益者負担の原則をともに満たすことが求められています。

（2）　適正な原価を基礎とした料金・使用料

　適正な原価を基礎とした料金とは、原価が料金の基準となるということを意味しています。この場合の原価とは、いわゆる資金ベースでの支

出額を示すものではなく、損益計算書上の費用、すなわち減価償却費、浄水費、給水費、処理場費、支払利息等諸経費に要する費用をいいます。なお、負担区分に基づいて他会計が負担すべき経費や国庫補助金が充てられた経費であって料金・使用料として回収する必要のないものは、原価に含めるべきものではありませんが、一方で、事業の経営努力不足から生じる経費までを含めた料金・使用料の設定を是認しているものではありません。

ただし、水道料金・下水道使用料算定にあたっては、それぞれ公費負担とすべき経費の範囲が異なることから、算定の基礎となる原価の範囲が異なります。詳細については後述します。

（3） 健全な運営を確保する料金・使用料

健全な運営とは、単に企業の損益計算書上の収支が均衡するということにとどまらず、内部留保資金を留保し得る運営を意味しています。特に公営企業の場合、その公共性を重視するあまり、料金・使用料水準は低ければ低いほど良いという考えになりがちですが、健全な運営のためには経営基盤を強固にするための留保資金を確保することが必要であるといえます。

なお、総務省が発出している「地方公営企業法及び地方公共団体の財政の健全化に関する法律（公営企業に係る部分）の施行に関する取扱いについて（通知）」（昭和27年9月29日付自乙発第245号）にも同様の内容が記載されています。

２．料金・使用料の算定について

（1） 水道料金算定の基本的な考え方

水道料金の算定については、日本水道協会が策定した「水道料金算定要領」に示されています。以下、「水道料金算定要領」の概要を説明します。

図表14-2 水道料金算定要領の概要

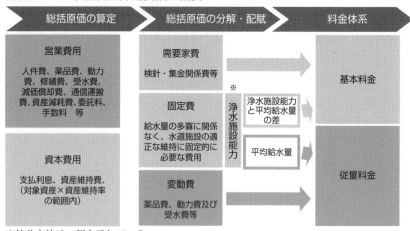

※按分方法は一例を示している。

① 総括原価の算定

水道料金の算定に際しては、適正な原価に基づき算定する必要があります。この場合の原価は、営業費用と資本費用の合計額（総括原価）から構成され、通常は総括原価が水道料金収入と等しくなるように水道料金を算定します。このような算定方法を「総括原価方式」といいます。

(a) 営業費用の範囲

営業費用は、水道施設を維持管理していくために必要とされる費用であり、費用の性質別には、人件費、薬品費、動力費、修繕費、受水費、減価償却費、通信運搬費、資産減耗費、委託料及び手数料等から構成されます。

(b) 資本費用の範囲

資本費用は、支払利息と資産維持費の合計額から構成されます。

• 支払利息

企業債の利息、取扱諸費及び発行差金償却費並びに一時借入金の

利息の合計額とされています。

- 資産維持費

　次により計算された範囲内とし、その内容は施設の建設、改良、再投資及び企業債の償還等に必要な所要額とされています。

$$資産維持費＝対象資産×資産維持率$$

　なお、資産維持率は、今後の更新・再構築を円滑にし、永続的な給水サービスの提供を確保できる水準として、各水道事業者の創設時期や施設の更新状況を勘案して決定します。

② 総括原価の分解及び配賦

　総括原価は需要家費、固定費及び変動費の３つの費目に分解します。

(a) 需要家費

　主として需要家の存在により発生する費用であり、検針・集金関係費、量水器関係諸費等が該当します。

(b) 固定費

　給水量の多寡に関係なく水道施設の適正な維持に必要とされる費用（需要家費を除く）であり、営業費用及び資本費用の大部分が該当します。

(c) 変動費

　概ね給水量の増減に比例する費用であり、薬品費、動力費及び受水費並びに需要家費または固定費に属さないその他の費用が該当します。

③ 料金体系

　料金体系は基本料金と従量料金の２つで構成されます。

　基本料金は、各使用者が水使用の有無に関わらず徴収される料金であ

り、基本的には固定費のうち各使用者群の需要の特性に比例するもの及び需要家費の全額を基本料金とすることが妥当とされています。なお、基本料金は一般的には給水管の口径（量水器口径）別に設定されています。

　従量料金は、実使用水量に単位水量あたりの価格を乗じて算定し徴収される料金であり、基本料金に配分されなかった固定費及び変動費の全額で構成されます。なお、多量使用を抑制または促進するため、従量料金については逓増制または逓減制とすることができます。

（2）　下水道使用料算定の基本的考え方

　下水道使用料の算定については、日本下水道協会が発行した「下水道使用料算定の基本的考え方」に示されています。以下、「下水道使用料算定の基本的考え方」の概要を説明します。

①　概要

（a）　経費の負担区分

　原則として、雨水に係る経費は公費で、汚水に係る経費は私費（使用料）により負担します。

（b）　使用料対象経費

　将来の合理的な排水需要予測や事業計画を前提に、下水道使用料算定の基礎となる使用料対象経費を算定します。使用料対象経費は大別すると維持管理費と資本費に区分されます。下水道事業においても、必要な資本費を含めた原価を使用料対象経費とする総括原価方式が一般的です。

　　・維持管理費
　　　下水道施設の維持管理に必要な経費であり、人件費、動力費、薬品費、修繕費、委託料等から構成されます。
　　・資本費

下水道施設の建設等に必要な費用であり、法非適用企業において
は地方債元利償還費及び地方債取扱諸費等の合計額、法適用企業に
おいては減価償却費、企業債等支払利息（一時借入金利息を除く）
及び企業債取扱諸費等の合計額から構成されます。

② **使用料体系**
　使用料体系を設定する際には、個々の使用者の使用実態に応じた個別
原価に基づきます。

（a）　使用料対象経費の分解
　使用料対象経費についても、水道料金を設定する際の総括原価と同
様に、一般的には需要家費、固定費及び変動費の３つの費目に分解し
ます。
　• 需要家費
　　下水道使用水量の多寡に関わりなく、主として下水道使用者数に
　対応して増減する経費であり、使用料徴収関係費用等が該当しま
　す。
　• 固定費
　　下水道使用水量及び使用者数の多寡に関わりなく、固定的に必要
　とされる経費であり、資本費、人件費等が該当します。
　• 変動費
　　下水道使用水量及び使用者数の多寡に応じて変動する経費であ
　り、動力費の大部分、薬品費等が該当します。

（b）　基本使用料と従量使用料
　基本使用料は、使用量の有無に関わりなく賦課される使用料であ
り、基本的には需要家費及び固定費とするのが適当ですが、下水道事
業は使用料対象経費に占める固定費の割合がきわめて大きいことか
ら、その一部を基本使用料として賦課し、他を従量使用料として賦課

することが妥当とされています。

　従量使用料は、使用量の多寡に応じて水量と単位当たりの価格により算定し賦課される使用料であり、基本使用料として賦課するもの以外の全ての経費について、使用料対象経費の分解に応じて水量区分ごとに配賦されます。

　なお、使用料の増加に応じて使用料単価が高くなる累進使用料制を採用することは、需要抑制のインセンティブが働くことから、一般的には資源問題、環境問題等の解決に寄与するといわれています。

3．水道料金・下水道使用料の見直しにあたっての留意点
（1）　水道料金・下水道使用料（以下、「料金」で統一）の見直しプロセス

　公営企業の経費は、地方公共団体の一般会計または他の特別会計において負担するものを除き、料金収入などの当該公営企業の経営に伴う収入をもって充てなければならないとされています。

　このため、各公営企業が経営戦略を策定し、更新投資に要する経費など経営戦略の計画に基づいて事業を継続するために必要となる経費を、現在の料金水準で賄うことが困難である場合には、投資や人件費等経費の最大限の合理化を前提として、料金の見直しを検討することが必要となります。

　特に下水道事業においては多くの場合、一般会計からの繰入金を受けていますが、過度に一般会計からの繰入金に依存した事業運営を行えば、下水道施設の普及している地域住民とそうでない住民との間に税負担の不公平が生じることとなるため、早急に料金の適正化を図る必要があります。

　一般的な料金の見直しプロセスは概ね**図表14- 3**の通りです。

図表14-3　料金の見直しプロセス

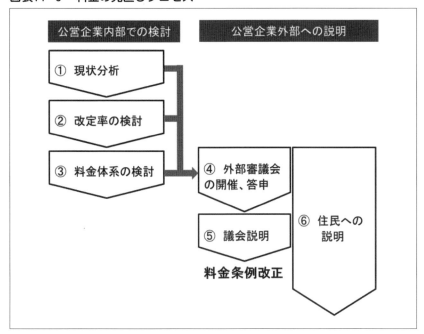

① **現状分析**

　料金の見直しにあたっては、まず「経営・財政」及び「事業・施設」
の両面に関する重要指標や料金体系について類似団体等との比較や収益
構造の分析といった現状分析を実施することで現行料金における課題を
識別するとともに、料金の見直しの必要性を検討します。

図表14-4　現状分析の手法と考え方

現状分析の手法（例）	考え方
重要指標の類似団体等との比較	「経営・財政」及び「事業・施設」の両面から事業の課題を把握するとともに、料金の見直しの必要性を判断するために有用な情報を得ることができます。例えば、企業債残高対給水収益比率（下水道の場合、企業債残高対事業規模比率）や資金

	残高対経常収益比率、経常収支比率といった「経営・財政」面の指標だけでなく、老朽化率や更新率といった「事業・施設」面の指標が低水準にある地方公共団体は、将来的に施設維持のための支出の増加が見込まれることから、料金の見直しの必要性が高い可能性があります。 ≪算出式≫ ・企業債残高対給水収益比率：企業債現在高合計／給水収益×100 ・企業債残高対事業規模比率：（企業債現在高合計－一般会計負担額）／（営業収益－受託工事収益－雨水処理負担金）×100 ・資金残高対経常収益比率：（現金・預金残高＋有価証券等の額）／経常収益×100 ・経常収支比率：経常収益／経常費用×100
戸数、利用水量、収入等のグルーピング別経年比較	利用者の分布状況が年々変化するなかで環境の変化に強く、安定的に料金収入を確保できる料金体系を構築するには、グルーピング別料金収入の状況・過去の推移を把握し、将来の推移を予測する必要があります。この際のグルーピングの方法としては、利用水量別、口径別などが考えられます。
収入と原価の固変割合の比較	安定的な事業運営の継続には水量の増減に関わらず必要となる経費である固定費を基本料金収入で賄うことが望まれます。そこで、基本料金収入と従量料金収入の割合と経費における固定費と変動費の割合（一部調整したものを含む）を比較することにより、現在の料金体系の課題を把握することができます。
料金の類似団体等との比較	現状の料金体系の抱える課題を把握するためには、料金の類似団体等との比較も有用となります。また、議会や住民等に対し料金の見直しの妥当性を説明するためにも類似団体等との比較結果は有用となります。この際の比較対象団体としては、同一都道府県内の団体や人口類似団体などが考えられます。

図表14-5 改定率の検討

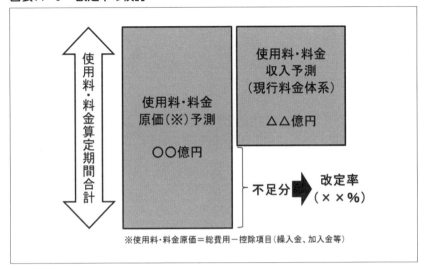

② 改定率の検討
　料金算定期間を定めたうえで、当該料金算定期間における水需要等の将来予測やこれに基づく財政計画を策定することにより、事業全体で必要となる料金の改定率を算定します（**図表14-5**）。

③ 料金体系の検討
　現状の料金体系における課題及び算定された事業全体で必要となる料金の改定率に基づき、基本料金と従量料金の改定割合や基本水量の有無といった料金体系の検討を行います。

【検討事項】
・基本料金と従量料金の収入割合をどうするか。
・基本水量を設定するか、どの水準で設定するか。
・基本料金及び従量料金をどの水準で設定するか。
・従量料金の逓増度を設定するか、逓増度をどの程度設定するか。

- 水量区画をどのように区分するか。
- 用途別料金（用途別料金体系、口径別料金体系）を設定するか、どのように区分するか。

④ 外部審議会の開催、諮問、答申

公営企業内部で検討された料金の見直しの内容について、事前に外部審議会等を設定し事業管理者から諮問し、答申を得る地方公共団体が多くなっています。

図表14-6 外部審議会

外部審議会開催の例

	テーマ	審議会等運営のポイント
第1回	事業の概要	・事業のことは理解されていないことが多い。基本的なことも含めて、住民にわかりやすい説明資料の作成が必要。
第2回	料金改定率の検討	・料金改定率を決定するには、経営効率化への取組みの説明が必須。どのように説明するかが重要。
第3回	料金の現状分析 料金体系の検討	・料金表は、複数パターンの検討を要する。 ・料金体系の改定にあたっては、現状を把握する必要があるため、料金の分析・他市比較等を実施することが重要。
第4回	料金の現状分析 料金体系の検討	・改定パターンの考え方、メリット・デメリットを整理し、説明する必要がある。
第5回	答申案の検討	・これまでの検討内容、意見等を簡潔にまとめる必要がある。

⑤ 議会説明

公営企業の料金に関する事項は条例で定めなければならない（地方自治法第228条第1項）とされているため、見直しにあたっては議会における説明が必要となります。

⑥　住民への説明

　料金の見直しは、地域住民の生活に直接的に影響を及ぼすため、料金の見直しの検討段階から条例改正後、実際に新料金が適用されるまでにわたり、広報、ホームページなどでの継続的かつ十分な住民への説明を行い、その理解を得る必要があります。

第3節　民間活力の活用

1．民間活用とは

　これまで記載してきたように、公営企業は今後さらに厳しい財政状況になり、将来の財政負担が重くのしかかってくることが想定されています。

　この課題を解決する1つの方法として、民間活力の活用があげられます。公営企業自らで実施すべきサービスは引き続き自らで行い、民間に委託できる分野は民間を活用するという、業務の選択と集中を行うことが、課題解決に向けて有効な手法と考えられています。

　身近な例でいえば、清掃の委託、窓口業務の委託、設備の設計・建設、ICTの活用などです。

　しかし、ひとえに民間活力の活用といっても、さまざまな方法があります。民間活用の手法を示すと**図表14-7**のような手法があります。

　なお、PFIと似た民間活用手法でDBまたはDBO方式というものもあります。それぞれの関係は**図表14-8**の通りです。

　両者の主な違いは、資金調達の主体が地方公共団体か民間かという点になります。またPFIのコンセッション方式については次の「2．上下水道事業における課題」で説明します。

・DBまたはDBO（Design-Build-Operate）

　施設の設計（Design）、建設請負工事（Build、発注する建設主体は公共）及び管理運営（Operate、DBO方式の場合のみ）を一体的に民

図表14-7 民間活用手法

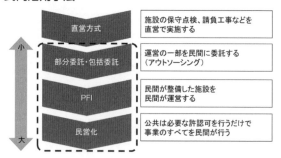

※点線がPPP（Public Private Partnership）の範囲。PPPとは図表14-7の部分委託から PFIまでを包含する概念であり、広義の民間活用を指す。民設公営、公設民営もPPP の一つと考えられている。

図表14-8 DBOとPFIの関係

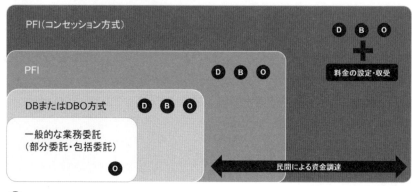

間に委ねる形態。PFIとの違いは、建設主体や資金調達を公共が担う 点。

- PFI（Private Finance Initiative）
  民間に施設等の設計・建設・運営・資金調達を一体的に委ねる形態。

DBO との違いは、建設主体や資金調達も民間が担う点。

２．上下水道事業における課題

　上下水道事業における課題は、財政不安だけではなく、人員の減少や技術承継といった人的資本に関する課題もあります。特に人口規模が比較的小さな地方公共団体においては、上下水道事業に従事する職員が数名といった事業もよくみられます。

　このような事業においては、業務をアウトソースすることで、公共が行うべき本質的な業務に職員が集中できるようになるため、民間活用は非常に有効な課題解決手法になります。

　また、安全な水を将来にわたり供給し続けるためには、上下水道事業の基盤強化が重要であり、PPP や PFI などの民間活用は基盤強化の一つの有効な手段と考えられています。特に、PFI の一形態としてコンセッション方式があり、これは、利用料金の徴収を行う公共施設について、施設の所有権を地方公共団体が有したまま、施設の運営権を民間事業者に設定する方式です。地方公共団体が所有する公共施設等について、民間事業者による安定的で自由度の高い運営を可能とすることにより、利用者ニーズを反映した質の高いサービスを提供することを目的としています。

　また、平成30年12月12日に公布された改正水道法により、地方公共団体が水道事業者等としての位置付けを維持しつつ、水道施設の運営権を民間事業者に設定できる方式が創設されました（水道法第24条の４）。従来の水道法においてもコンセッション方式の導入は可能でしたが、従来は、地方公共団体が水道事業の認可を返上したうえで、民間事業者が新たに許可を受けることが必要となっていました。そのため、従来型では、水道事業者自体が民間企業となってしまいます。しかし、改正水道法では、水道事業者自体は地方公共団体のままでよいため、地方公共団体の関与が強化され、地方公共団体の責任のもとで、サービスの維持・運営が可能となりました。

この水道法の改正により、地方公共団体では新たな民間活用の選択肢を得たことになりますが、改正水道法のもとでのコンセッション方式を採用したとしても、水の安全を守る最終責任はあくまでも地方公共団体にあることに留意しておく必要があります。

図表14-9　PFI法、改正水道法を活用したコンセッション

事業計画の確実性・合理性

- 地方公共団体は、実施方針や要求水準書を作成し、それらを満たす提案をした民間事業者を選定
- 国等は、事業計画の確実性・合理性を審査した上で許可（水道法）

料金の設定

- 地方公共団体は、水道施設の利用料金の範囲等を条例で規定（PFI法）
- 運営権者は、条例の範囲内で利用料金を設定（PFI法）
- 国等は、原価を適切に算定して利用料金を設定しているか審査した上で許可（水道法）

モニタリング

- 地方公共団体は、運営権者に対し業務・経理の状況のモニタリング等を実施（PFI法）
- 国等は、地方公共団体のモニタリング体制を確認した上で許可（水道法）
- 国等は、地方公共団体及び運営権者に対し、必要に応じ報告徴収・立入検査等を実施（水道法）

```
国又は都道府県              地方公共団体
（認可・許可権者）    民間事業者    （水道事業者かつ
                    （運営権者）    施設管理者）
```

（水道法に基づく監督等）
・水道施設の改善の指示
・水道技術管理者・水道施設運営等事業技術管理者の変更勧告
・給水停止命令
・報告徴収、立入検査
・運営権の取消し等の要求

（PFI法に基づくモニタリング等）
・業務・経理の状況に関する報告の求め、実地調査、必要な指示
・運営権の取消し
・運営権の行使の停止

（出所）　厚生労働省「水道法の一部を改正する法律（平成30年法律第92号）の背景・概要」改正の概要「3.官民連携の推進」P4
　　　　　https://www.mhlw.go.jp/content/000463055.pdf

3．民間活用のメリット・デメリット

　民間活用は公営企業の課題解決に有効な手法ではありますが、当然デメリットもあります。民間活用を行うことのメリット・デメリットの一例を示すと**図表14-10**のようになります。

　まずメリットで大きいのは、人員不足の解消です。水道事業における職員数は、総務省の調査によるとピークだった昭和55年度の7万6,084人から平成28年度には4万5,441人まで約4割の減少となっています（**図**

図表14-10　民間活用のメリット・デメリット

メリット	デメリット
• 人手不足の解消 • 業務の効率化	• 庁内におけるノウハウの喪失 • 導入コストの増大
• サービスレベルの向上	• サービスレベルの低下
• 経費の削減	• 経費の増加

表中の点線で囲んだ部分⇒地方公共団体による監視・監督機能が適切に働かなければ、真逆の効果となる

表14-11）。また、平成28年度の水道統計によると、水道事業職員の全体の約4割を50歳以上の職員が占めており、このうち半数以上が技術系職員であることから（**図表14-12**）、今後10年程度で多くの技術系職員が退職することが予想されています。

　長期的に水道事業に関わる人材の不足が進むことが想定される中で、民間活用を推進することは、各種計画（更新計画、経営戦略等）の策定や経営といった地方公共団体が実施すべき業務に必要な時間を割ける人

図表14-11　水道事業における職員数

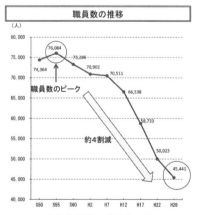

※「職員数の推移」グラフは、用水供給事業の職員数を含む

（出所）　総務省「公営企業の経営改革推進に向けた重点施策に関する説明会」（2019年4月24日）資料1-1「水道事業の課題と取組について」P5より抜粋

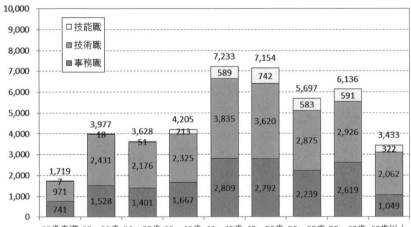

図表14-12　水道事業における職員割合

（出所）「水道財政のあり方に関する研究会」報告書（平成30年12月）P19

員体制が確保できるようになります。

　一方で、庁内におけるノウハウの喪失というデメリットがあります。これまで地方公共団体の職員が行っていた業務を外部に委託することで、職員の関与が急激に低下することにより、当該業務に係るノウハウが喪失されるおそれがあります。また、ノウハウが喪失されることで、委託業者が実施する業務の内容を十分に理解できず、委託業務の実施状況の管理が困難になるおそれがあります。

　その他にもサービスレベルの向上、経費の削減というメリットがありますが、これらは、地方公共団体による監視・監督機能が適切に働かなければ、真逆の効果となり、デメリットになってしまう可能性があるため注意が必要です。

　なお、コンセッション方式を採用した場合であっても、地方公共団体が「民間資金等の活用による公共施設等の整備等の促進に関する法律」（PFI法）に基づき料金の範囲を事前に条例で定める必要があるため、無制限に値上がりすることがないような法設計になっています。

4. 民間活用の具体的手法

　民間活力の活用については、総務省が「水道事業・先進的取組事例集」、「下水道事業・先進的取組事例集」をまとめています。

　図表14-13、図表14-14の通り、現在ではPFIよりも包括的民間委託等の方法で民間活用を行っている地方公共団体が多くなっています。包括的民間委託の事例としては、水道事業では、施設の運営管理・保守点検・水質管理などを包括的に民間委託し、経費削減をしている例が取り上げられています。下水道事業では、主に終末処理場の管理運営を包括的民間委託した事例があげられています。

　包括的民間委託を行った場合の課題として主なものは、職員のスキルの低下（ノウハウの喪失）が最も多くあげられています。その他には、経費削減と委託事業者へのインセンティブ確保の委託料水準の決定なども課題としてあげられています。

　PFIについては、まだ事例は多くないのが実情ですが、浄水施設等の更新・維持管理や浄化槽の整備などで利用している団体もあります。

図表14-13　水道事業・先進的取組事例集

包括的民間委託		
1	宮城県山元町	上下水道における包括的民間委託
2	群馬県館林市	浄水施設等の包括的民間委託
3	福井県坂井市	上下水道における包括的民間委託
指定管理者制度		
1	岐阜県高山市	浄水施設等の指定管理者制度
2	広島県企業局	第三セクターを活用した指定管理者制度
PFI		
1	北海道夕張市	PFIによる浄水施設等の更新・維持管理及び水道窓口等業務
2	愛知県岡崎市	男川浄水場更新事業

DBO		
1	福島県会津若松市	滝沢浄水場更新整備等事業及び送配水施設維持管理等事業
2	長門川水道企業団	浄水場・配水場設備の設計・修繕・更新及び運転管理業務
3	長崎県佐世保市	北部浄水場（仮称）統合事業

（出所）　総務省「水道事業・先進的取組事例集」から抜粋

図表14-14　下水道事業・先進的取組事例集

包括的民間委託等		
1	栃木県	終末処理場の包括的民間委託
2	秋田県秋田市	お客様センター業務等の包括的民間委託
3	大阪府堺市	終末処理場及び管路施設の包括的民間委託
4	鹿児島県枕崎市	終末処理場等の民間委託
PPP/PFI		
1	岩手県紫波町	PFI管理型浄化槽の整備
2	大阪府大阪市	消化ガス発電設備の整備

（出所）　総務省「下水道事業・先進的取組事例集」から抜粋

第4節　広域化・共同化

1．広域化とは

（1）　これまでの広域化

　公営企業はこれまで、各地方公共団体が個別に経営することが基本とされてきました。そのため、公営企業の事業数は、近年減少傾向にあるものの平成30年度末時点において8,308事業にのぼります。

　一方で、地方自治法及び地方公営企業法では地方公共団体では事務を共同で行うための組合（企業団）を設け、この組合が公営企業を経営できることとされています。このように、例えば需要の急増に対応する必

要がある団体間や経営基盤がぜい弱な小規模団体間において安定的・継続的にサービス提供を行っていくために組合を設けて、1つの事業として経営を行っていく（「事業統合」という）ことが、これまでの一般的な広域化の考え方でした。

図表14-15　複数の水道事業による事業統合イメージ

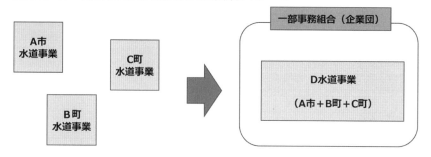

（2）　広域化の必要性

　戦後からバブル期にかけては、公営企業の主な課題は施設整備が間に合わずサービス提供できないこと（供給不足）であり、この課題への対応として、例えば都道府県による市町村への水供給（用水供給事業）や都道府県による市町村への汚水処理サービスの提供（流域下水道事業）という形で広域連携が行われてきました。

　しかしながら、近年では人口減少による料金収入減や保有する資産の老朽化による大量更新期の到来など、公営企業をとりまく経営環境が大きく変化する中で、特に人口減少の激しい地方においては、各地方公共団体が単独で経営改善を図ることには限界があり、安定的にサービス提供を続けていくことが困難な団体が増えてきました。

　このような状況において公営企業の安定的な事業継続を実現するために、地方公共団体間の垣根を超えた広域化の必要性が益々高まっています。

（3） 新しい広域化の考え方

　広域化の必要性が高まる一方で、これまでの一般的な広域化の形である事業統合の実現には、団体間の料金や財政状況、施設状況といったさまざまな格差を解決したうえで合意形成を行う必要があるため、非常にハードルが高く、実現には長期間を要するものとなっていました。

　そのため厚生労働省の「新水道ビジョン」（平成25年3月）で新しい広域化の考え方として、初めから完全な形での事業統合のみを目指すのではなく、地域の実情に応じて、業務の共同化など、まずは実現可能な広域連携から取り組んでいくという「発展的広域化」の考え方が示されました。

図表14-16　新しい水道広域化のイメージ

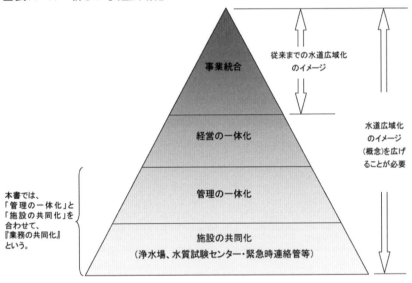

（出所）　社団法人日本水道協会「水道広域化検討の手引き」P16より抜粋

　このように、広域化の概念を広げて、「まずはできることから取り組む」という新しい広域化の考え方は、水道事業に限らず公営企業の広域

化実現のために非常に重要な考え方です。

２．広域連携の類型と期待される効果
（１）　広域連携の類型
　広域連携は、連携内容という観点から以下の４パターンが考えられます。

①　施設の共同化
　例えば水道事業における取水場、浄水場などの施設を共同で保有することや、水道事業における受水や分水などにより、事業を超えて施設の余剰能力を共同で活用することで、地域全体としての施設の統廃合や施設規模の縮小を進めることをいいます。

②　管理の一体化
　維持管理業務や営業系業務、総務系の事務処理などを、事業を越えて共同で実施することや共同で委託することなどにより、業務を効率的に実施することをいいます。

③　経営の一体化
　認可上の事業は別としたまま、経営主体が１つに統合された経営形態をいいます。そのため、１つの経営主体が複数事業を経営することとなりますが、組織は一体であり、経営方針も統一することができます。

④　事業統合
　経営主体も認可上の事業も１つに統合された経営形態をいい、原則として料金統一されることとなります。
　また、経営の一体化や事業統合は、構成団体という観点から大きく垂直統合型、水平統合型、弱者救済型の３パターンに分けることができます（**図表14-17**参照）。

図表14-17　水道広域化の類型化

	垂直統合型	水平統合型	弱者救済型
形態	・用水供給事業と受水末端事業との統合（経営統合を含む）	・複数の水道事業による統合（経営統合を含む）	・中核事業による周辺小規模事業の吸収統合（経営統合を含む）
メリット	・既に施設が繋がっているため、施設の統廃合を行いやすい。 ・末端事業が所有する水源や浄水場等の廃止が可能。 ・施設統廃合に伴う事業費の削減により水道料金上昇を抑制。 ・水源から蛇口までを一元的に管理でき、安全度が向上。	・経営資源の共有化。 ・規模の拡大に伴い、業務の共同化や民間委託の範囲拡大など効率的な運営による効果が大きい。 ・施設統廃合に伴う事業費の削減により水道料金上昇を抑制。	（中核事業） ・中核事業体としての地域貢献 （小規模事業） ・水道料金の上昇を抑制。 ・給水安定度の向上 ・事業基盤が安定
デメリット	・給水安定度向上のためには、末端間の連絡管整備が必要となり、事業費の増大となる場合がある。	・地理的条件から施設統廃合ができない場合に、統合によるメリットは少なくなる。 ・水道料金上昇が伴うと、複数の事業体による料金決定が困難になる場合がある。	（中核事業） ・給水条件の悪い事業を統合する場合は、経営的な負担が増す。 （小規模事業） ・統合に伴う施設整備費の負担が発生。 ・出資金や借金の清算等、広域化にあたり一時的な財政負担が発生。
主な事例	・岩手中部地域、・中空知地域 ・淡路地域　・香川県	・埼玉秩父地域　・岩手中部地域 ・群馬東部地域　・香川県	・北九州市

（出所）　厚生労働省「水道法の一部を改正する法律（平成30年法律第92号）の背景・概要」
　　　　改正の概要「1.水道事業の基盤強化及び広域連携の推進」P4

（2）　期待される効果

　広域化の類型に応じて**図表14-18**のような効果が期待されますが、効果の大きさや実現に要する時間が広域化の類型によって異なります。

3．目指すべき広域連携の方向性

　図表14-18の通り、事業統合は実現した場合の効果が大きいですが、実現に長期間を要するのに対して、施設の共同化や管理の一体化は実現した場合の効果は事業統合と比べると小さいですが、比較的短期間での実現可能性があるという特徴があります。そのため、最終的には経営の一体化や事業統合を実現し、広域連携の効果の最大化するとともに持続的な事業運営に必要な人員を確保することを目指していくことが望まれます（**図表14-19**）。

　広域連携の検討の進め方には大きく分けて、①トップダウン方式と②ボトムアップ方式の2つの方法があります。

　まず①トップダウン方式は、都道府県の首長等のトップの意向と指揮

図表14-18　広域化の類型と期待される効果

広域化の類型		期待される効果	効果の大きさ	実現に要する時間
業務の共同化	施設の共同化	共同で保有する施設に関して、施設整備水準の向上、緊急時対応等の効果が期待できます。	小	短期的に実現可能
	管理の一体化	管理体制の強化やコストの削減、窓口業務等のサービスレベルの向上など、各種効果が期待できます。		
経営の一体化		経営主体が一つになることで、施設整備水準の平準化や管理体制の強化、利便性の拡大などの効果が期待できます。		
事業統合		施設整備、管理体制、事業の効率的運営、サービスなど広範囲にわたり技術基盤や経営基盤の強化に関して効果が期待できます。	大	長期間要する

に基づき、都道府県全体での水道事業の最終的に目指すべき姿を明確にしたうえで、当初よりその最終ゴールを実現するために検討を進めていく方法です。最終的に目指すべき姿としては、県全体または県内の圏域ごとの経営の一体化や事業統合といった発展的な広域連携が示されることが一般的です。

　次に②ボトムアップ方式は、地形や人口推移といった地域の実情に応じて施設の共同化や管理の一体化などの「できること」から広域連携を検討し、次のステップとしてさらに進んだ広域連携の形として経営の一体化や事業統合の実現を目指していく方法です。より進んだ広域連携を検討するにあたっては、「できること」から実施してきた検討体制が土

図表14-19　目指すべき広域連携の方向性イメージ

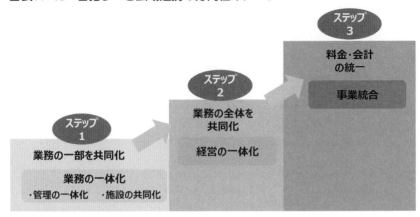

台となります。

　①トップダウン方式の方がより推進力のある方法ですが、都道府県の首長等のトップの指揮が得られない場合は、②ボトムアップ方式により広域連携を着実に進めていくことになります。

４．広域連携の推進にむけた最近の国の動き
（１）　水道事業

　水道事業の広域連携の推進については、これまでも厚生労働省や総務省が中心となり各都道府県における検討会の設置等がされてきましたが、2018年12月に水道法の一部を改正する法律案が可決され、関係者の役割が明確化されることとなりました。

　このなかでは、国が定める基本方針に基づき、都道府県は水道事業者等の間の広域的な連携を推進するように努めなければならないとされました。また、①水道基盤強化計画の策定及び②広域連携推進のための関係市町村及び水道事業者等を構成員とする協議会の設置についての都道府県の権限が定められており、法律上でも都道府県が主体となり広域連携を進めていく方向性が明確に示されたといえます。

さらに、2019年1月には総務省より「『水道広域化推進プラン』の策定について」の通知が発出されました。都道府県は水道基盤強化計画の策定を見据え、広域化の推進方針やこれに基づく当面の具体的取組みの内容等について、「水道広域化推進プラン」を策定し、市町村等の水道事業の広域化の取組みを推進することが求められており、都道府県を主体とした広域連携の動きはますます加速していくと考えられます。

（2）　下水道事業

　下水道事業の広域連携の推進については、「経済・財政再生計画改革工程表2017改定版」（平成29年12月21日経済財政諮問会議決定）において、全ての都道府県における広域化・共同化に関する計画策定が、広域化・共同化を推進するための目標として設定されました。

　また、これを踏まえて2018年1月には総務省、農林水産省、国土交通省、環境省より「汚水処理の事業運営に係る「広域化・共同計画」の策定について」の通知が発出され、全都道府県に長期的な方針や短期・中期的な実施計画を定めた「広域化・共同計画」の策定が求められました。

　このように下水道事業においても、経営環境が厳しさを増す中で、広域連携による効率的な事業運営の動きが進んでいます。

第5節　地方独立行政法人化

1．公営企業と地方独立行政法人

（1）　地方独立行政法人とは

　地方独立行政法人とは、「住民の生活、地域社会及び地域経済の安定等の公共上の見地からその地域において確実に実施されることが必要な事務及び事業であって、地方公共団体が自ら主体となって直接に実施する必要のないもののうち、民間の主体にゆだねた場合には必ずしも実施されないおそれがあるものと地方公共団体が認めるものを効率的かつ効果的に行わせることを目的として、この法律の定めるところにより地方

公共団体が設立する法人」（地方独立行政法人法（以降「地独法」という）第２条第１項）と定義されています。また、地方独立行政法人の実施する業務の範囲も地独法上で定められています（地独法第21条各号）。

（２）　公営企業と地方独立行政法人の業務の関係

第１章第１節で記載した通り、公営企業にはさまざまな種類があります。ここで、公営企業と独立行政法人との事業の関連を示すと**図表14-20**の通りです。

つまり、地方財政法で定める公営企業のうち、全部適用事業及び財務適用事業に含まれる公営企業が、地方独立行政法人に移行して業務を実施することができます。地方独立行政法人のうち第21条第３号に掲げる

図表14-20　公営企業と地方独立行政法人の業務の関係

地方財政法第６条、同法施行令 第46条（特別会計設置義務事業）	地独法第21条第３号 （公営企業型地方独立行政法人）
水道事業（簡易水道事業を除く）	水道事業（簡易水道事業を除く）
工業用水道事業	工業用水道事業
交通事業（軌道）	軌道事業
交通事業（自動車）	自動車運送事業
交通事業（鉄道）	鉄道事業
電気事業	電気事業
ガス事業	ガス事業
病院事業	病院事業
簡易水道事業	
湾岸整備事業	
市場事業	
と畜場事業	
観光施設事業	
宅地造成事業	
公共下水道事業	

業務を行う法人は、「公営企業型地方独立行政法人」といいます（地独法第81条）。

（3）　地方独立行政法人の設立

　地方独立行政法人を設立しようとするときは、その地方公共団体の議会の議決を経て定款を定め、総務大臣または都道府県知事の認可を受けなければなりません（地独法第7条）。前節で触れた広域化を推進する公営企業も、さらなる抜本的な経営改革の手段として、地方独立行政法人に移行することも可能です。

（4）　公営企業型地方独立行政法人の特徴
①　企業の経済性の発揮

　上記（2）で述べたように公営企業型地方独立行政法人は、「住民の生活の安定並びに地域社会及び地域経済の健全な発展に資するよう努めるとともに、常に企業の経済性を発揮するよう努めなければならない。」（地独法第81条）とされています。これは、法第3条の「経営の基本原則」と同様の考え方です。

②　独立採算による経営

　公営企業型地方独立行政法人の事業の経費は、原則として当該公営企業型地方独立行政法人の事業の経営に伴う収入をもって充てなければならないとされています（地独法第85条第2項）。ただし、公営企業型地方独立行政法人の事業の経費のうち、次に掲げるものは、設立団体が負担するものとされています（地独法第85条第1項）。

（a）その性質上当該公営企業型地方独立行政法人の事業の経営に伴う収入をもって充てることが適当でない経費

（b）当該公営企業型地方独立行政法人の性質上能率的な経営を行ってもなおその事業の経営に伴う収入のみをもって充てることが客観的に困難であると認められる経費

つまり、法第17条の2の「経費の負担の原則」と同様に、原則的に独立採算による経営が求められ、特例として一部の経費については設立団体が負担金として公営企業型地方独立行政法人に財源措置します。

③ 業務の範囲制限

公営企業型地方独立行政法人は、地独法第21条第3号に掲げる業務及びこれに附帯する業務以外の業務を行ってはならないとされています（地独法第82条）。これは、公営企業型地方独立行政法人は原則的に独立採算による経営が求められているため、その業務の範囲が限定されています。そのため、公営企業から地方独立行政法人に移行となった場合でも、その業務の範囲が大きく変わるものではないと考えられます。

２．公営企業の地方独立行政法人への移行におけるメリット・デメリット

上述の通り、公営企業と公営企業型地方独立行政法人は類似する特徴があります。では、公営企業が地方独立行政法人に移行することで何が変わるのでしょうか。想定されるメリット・デメリットは**図表14-21**の通りです。

図表14-21　公営企業型地方独立行政法人の比較
【メリット】

項目	想定されるメリット
法人運営及び事業執行の弾力性の向上	・地方公共団体の内部組織である場合のような上位組織の意向確認や関係組織との調整が不要となり、地方独立行政法人独自の意思決定が可能になる。 ・毎年度の予算について議会の議決が不要となり、特段の手続を経ることなく予算の繰越しも可能となることから、弾力的かつ効率的な

	予算執行が可能になる。
	• 地方自治法の適用対象外となることから、契約等規程を柔軟に見直すことが可能になる
人事管理の弾力化	• 職員の任用や給与等が法令や条例により厳格に定められることがないため、地方公共団体の場合に比べて弾力的な人事管理が可能になる。
自治体の定員管理の枠外	• 地方独立行政法人の職員数は条例の定数に含まれないため、職員配置の見直し等、柔軟な体制見直しも可能になる。
サービス・質の向上	• 設立団体や評価委員会による業績評価などを通じたPDCAサイクルが確立される。 • 損益計算において生じた利益から繰り越した損失を埋めた残余があるときは、設立団体の長の承認を受けて、その残余の額を中期計画で定めた剰余金の使途に充てることができるため、新たな業務の展開やサービス向上につなげることが可能になる。

【デメリット】

項目	想定されるデメリット
地方独立行政法人制度への移行に伴うコスト	• 準拠する会計基準や各種規程の変更に伴い、新たなシステムの導入等のコストが発生する。
業務運営上のコスト	• 評価委員会等の運営コスト等が生じる。

　地方独立行政法人は、地方公共団体や議会等の一定の関与のもとで公共性を担保し、その中で企業としての経済性を求めることで、より弾力的かつ機動的、効率的な運営が期待できる経営形態と考えられます。一方で、地方独立行政法人の移行に伴って、一時的なイニシャルコストや恒常的なランニングコストが発生します。

3．公営企業の地方独立行政法人化の状況
（1） 公営企業型地方独立行政法人の設立状況

　2020年4月1日現在、公営企業型地方独立行政法人は61法人設立され、その全てが病院事業を運営する法人です。

　もともと公営企業として運営されていた公立病院は、損益収支をはじめとする経営状況が悪化するとともに、医師不足に伴い診療体制の縮小を余儀なくされるなど、その経営環境や医療提供体制の維持がきわめて厳しい状況でした。

　そこで、総務省は「公立病院改革ガイドライン」を2007年に発出し、抜本的な経営形態の見直しの選択肢として「地方独立行政法人化」が示されました。一部の公立病院は、当ガイドラインの発出を機に、抜本的な経営形態の見直しをした結果、地方独立行政法人に経営形態を移行しました。

　さらに、2015年に総務省より発出された「新公立病院改革ガイドライン」では、「地方独立行政法人化」による経営形態の見直しについて、一定の成果を評価しており、公営企業である公立病院の「地方独立行政法人化」による公立病院改革を一層推進している状況です。

（2） 公営企業の抜本的な経営形態の見直しの検討

　「公営企業の経営に当たっての留意事項」（2014年8月29日付自治財政局公営企業課長等通知）においても、地方公営企業の地方独立行政法人化が一例として示されています。

　抜本的な経営形態の見直しの検討の際には、その地域性や業態（装置産業か労働集約型産業など）、将来的な需要などを考慮し、その中で最適な経営形態を検討することが求められます。

著者プロフィール

＜総監修＞
小室　将雄
有限責任監査法人トーマツ　パブリックセクター・ヘルスケア事業部　パートナー　公認会計士
総務省「人口減少社会等における持続可能な公営企業制度のあり方に関する研究会」委員
総務省「地方公営企業法の適用に関する研究会」委員
総務省「地方財政の健全化及び地方債制度の見直しに関する研究会」委員

＜監修＞
世羅　徹
有限責任監査法人トーマツ　リスクアドバイザリー事業本部・パブリックセクター
パートナー　公認会計士

纐纈　和雅
有限責任監査法人トーマツ大阪事務所　パブリックセクター・ヘルスケア事業部
パートナー　公認会計士

鈴木　識都
有限責任監査法人トーマツ名古屋事務所　パブリックセクター・ヘルスケア事業部
マネジャー　公認会計士

＜執筆＞
香田　浩一
有限責任監査法人トーマツ名古屋事務所　パブリックセクター・ヘルスケア事業部
パートナー　公認会計士

井谷　裕介
有限責任監査法人トーマツ大阪事務所　パブリックセクター・ヘルスケア事業部
シニアマネジャー　公認会計士

藤巻　祐輔
有限責任監査法人トーマツ東京事務所　パブリックセクター・ヘルスケア事業部
マネジャー　公認会計士

渡部　淳一
有限責任監査法人トーマツ東京事務所　リスクアドバイザリー事業本部・パブリックセクター
マネジャー　公認会計士

刀禰　明
有限責任監査法人トーマツ大阪事務所　パブリックセクター・ヘルスケア事業部
マネジャー　公認会計士

玉井　晴香
有限責任監査法人トーマツ東京事務所　パブリックセクター・ヘルスケア事業部
マネジャー　公認会計士

鷲見　渉
有限責任監査法人トーマツ大阪事務所　パブリックセクター・ヘルスケア事業部
マネジャー　公認会計士

矢島　淳太郎
有限責任監査法人トーマツ東京事務所　パブリックセクター・ヘルスケア事業部
マネジャー　公認会計士

明定　大介
有限責任監査法人トーマツ大阪事務所　パブリックセクター・ヘルスケア事業部
シニアスタッフ　公認会計士

髙橋　佑季
有限責任監査法人トーマツ東京事務所　パブリックセクター・ヘルスケア事業部
シニアスタッフ　公認会計士

今井　裕了
有限責任監査法人トーマツ東京事務所　パブリックセクター・ヘルスケア事業部
シニアスタッフ　公認会計士

柳川　英紀
有限責任監査法人トーマツ大阪事務所　パブリックセクター・ヘルスケア事業部
シニアスタッフ　公認会計士

鈴木　卓也
有限責任監査法人トーマツ福岡事務所　パブリックセクター・ヘルスケア事業部
シニアスタッフ　公認会計士

吉田　直道
有限責任監査法人トーマツ東京事務所　パブリックセクター・ヘルスケア事業部
シニアスタッフ　公認会計士

笈川　翔太郎
有限責任監査法人トーマツ東京事務所　パブリックセクター・ヘルスケア事業部
シニアスタッフ　公認会計士

山根　健史
有限責任監査法人トーマツ大阪事務所　パブリックセクター・ヘルスケア事業部
シニアスタッフ　公認会計士

嶋﨑　諒
有限責任監査法人トーマツ大阪事務所　パブリックセクター・ヘルスケア事業部
シニアスタッフ　公認会計士

今瀬　彰夫
有限責任監査法人トーマツ名古屋事務所　パブリックセクター・ヘルスケア事業部
シニアスタッフ　公認会計士

大竹　理子
有限責任監査法人トーマツ名古屋事務所　パブリックセクター・ヘルスケア事業部
スタッフ　公認会計士協会準会員

一番やさしい公営企業の会計と経営

2020 年 9 月 10 日　初版発行
2024 年 5 月 27 日　6 刷発行

編　著　有限責任監査法人トーマツ
　　　　パブリックセクター・ヘルスケア事業部
発行者　佐久間重嘉
発行所　学陽書房

　　　〒102-0072　東京都千代田区飯田橋 1-9-3
　　　営業部／電話　03-3261-1111　FAX　03-5211-3300
　　　編集部／電話　03-3261-1112
　　　http://www.gakuyo.co.jp/

装幀／佐藤博
DTP・印刷／東光整版印刷　製本／東京美術紙工
ⓒ 2020 Deloitte Touche Tohmatsu LLC, Printed in Japan

ISBN 978-4-313-16720-9　C3033
乱丁・落丁本は、送料小社負担にてお取り替えいたします。

バラバラだった財務書類の作成を、統一した基準で作成するために総務省から自治体に向けて通知した内容を反映した最新版

◎地方公会計は、地方自治体が実直かつ健全な行政経営を行うためには必要不可欠の仕組みです。

　本書は、自治体の職員の方や住民の方をはじめとする様々な方が、サッと読めて、かつ、全貌をきちんと理解することを目的としています。

◎本書の特徴は次の3点になります。

＊平易な言葉で解説をすることで、会計の知識が十分でない初心者の方にもわかりやすい

＊現状の地方自治法に基づく地方公会計制度と企業会計方式による新たな新地方公会計制度の双方をコンパクトに解説

＊各章ごとに最初にテーマを示し、最後にポイントをまとめて、わかりやすい

一番やさしい公会計の本＜第1次改訂版＞

有限責任監査法人トーマツ　パブリックセクターインダストリーグループ 編
A5判ソフトカバー／本体2,400円＋税

内部統制って何だろう?
──自治体への導入に際し、何をすればよいのか、この1冊でわかる!
令和2年4月施行の自治法改正に対応!

◎内部統制って何だろう?　民間企業には導入されているようだが効果はあるの?　自治体に導入されると何が変わるのだろう?
　──こうした疑問に答えるわかりやすい入門書!

◎疑問に思うことや、わからないことがすぐに調べられるようにQ&A形式で解説しています。

◎イラストや資料をふんだんに使い初心者でもわかりやすくなっています。

Q&Aでわかる!　自治体の内部統制入門

有限責任監査法人トーマツ　パブリックセクター・ヘルスケア事業部 編著

A5判ソフトカバー／本体2,500円＋税